蓬萊の夢

――「兜町の風雲児」加藤暠の実像

川本典康

講談社エディトリアル

はじめに

平成二十八年（二〇一六年）十二月三十日、東京は寒くはあったが、一日中晴れわたっていた。

ここ築地本願寺《つきじほんがんじ》では、一つの葬儀が営まれていた。参列者は約百人で、この有名なお寺にしてはつつましい葬儀であった。

亡くなったのは、加藤暠《あきら》（享年七十五）である。昭和五十年代から平成にかけて証券業界で「兜町《かぶとちょう》の風雲児」と呼ばれ、数々の伝説を生んだ稀代《きだい》の相場師の葬儀にしては、地味で静かであった。実は、週刊誌の記者たちが事前に葬儀場を探し出そうと関係者に聞きまわっていたが、何とか情報漏れを防ぎ、静かな葬儀を執《と》り行なうことができたのだ。

加藤は、前年の秋に金融商品取引法違反容疑で東京地検特捜部に逮捕され、その後起訴されたが、勾留中から持病の糖尿病、腎臓病が悪化して体調が悪く、九月の保釈後、そのまま都内の病院に入院していた。最後まで無罪を主張し、自身の死亡により公訴棄却となったことは、株の世界で生きてきた反骨の男にふさわしい終わり方であった。

加藤はさまざまな仕手戦を行なってきたが、なかでも、彼が率いた誠備《せいび》グループによる宮地鉄工所乗っ取り事件、いわゆる「誠備事件」とそれに絡む巨額脱税事件の真相は、逮捕後も彼の徹底した黙秘により今もって明らかにされておらず、戦後経済事件の最大の謎の一つとされている。そして加藤が亡くなり、関係者もまた次々と世を去っていく今、歴史の闇に消え去っていこうとしている。

加藤は実は、私の高校の四歳年上の同級生である。卒業して上京してからも、私を含めた複数の同級生たちと浅からぬ交流があり、折に触れてはその思想や信念、心境を吐露することがあった。

その加藤と彼の関わった「誠備事件」を、謎のまま葬り去りたくない、事件の全貌は無理としても、事実の一端は同世代や後世の人たちに伝えておきたい、と思い立ったのが本書執筆の動機である。このため、改めて自身の記憶を掘り起こし、加藤と親しかった高校の同級生たちの証言を得ることにした。

本書は、この破天荒な男の波乱に満ちた生涯を縦軸に、彼に群がった政・官・財の人々の動きを横軸にして構成している。その中に、敗戦からバブル崩壊までの戦後日本社会の軌跡の一端を感じ取っていただければ幸いである。

なお、本書中の加藤の言動や行動、思想については、前述したように、すべて私や同級生たちが加藤本人から直接聞いたものであること、また登場人物の一部は仮名にさせていただいたことをお断わりしておく。

著者

目次

第三章　兜町の風雲児

第四章　蓬莱の夢

本書に関連する地図

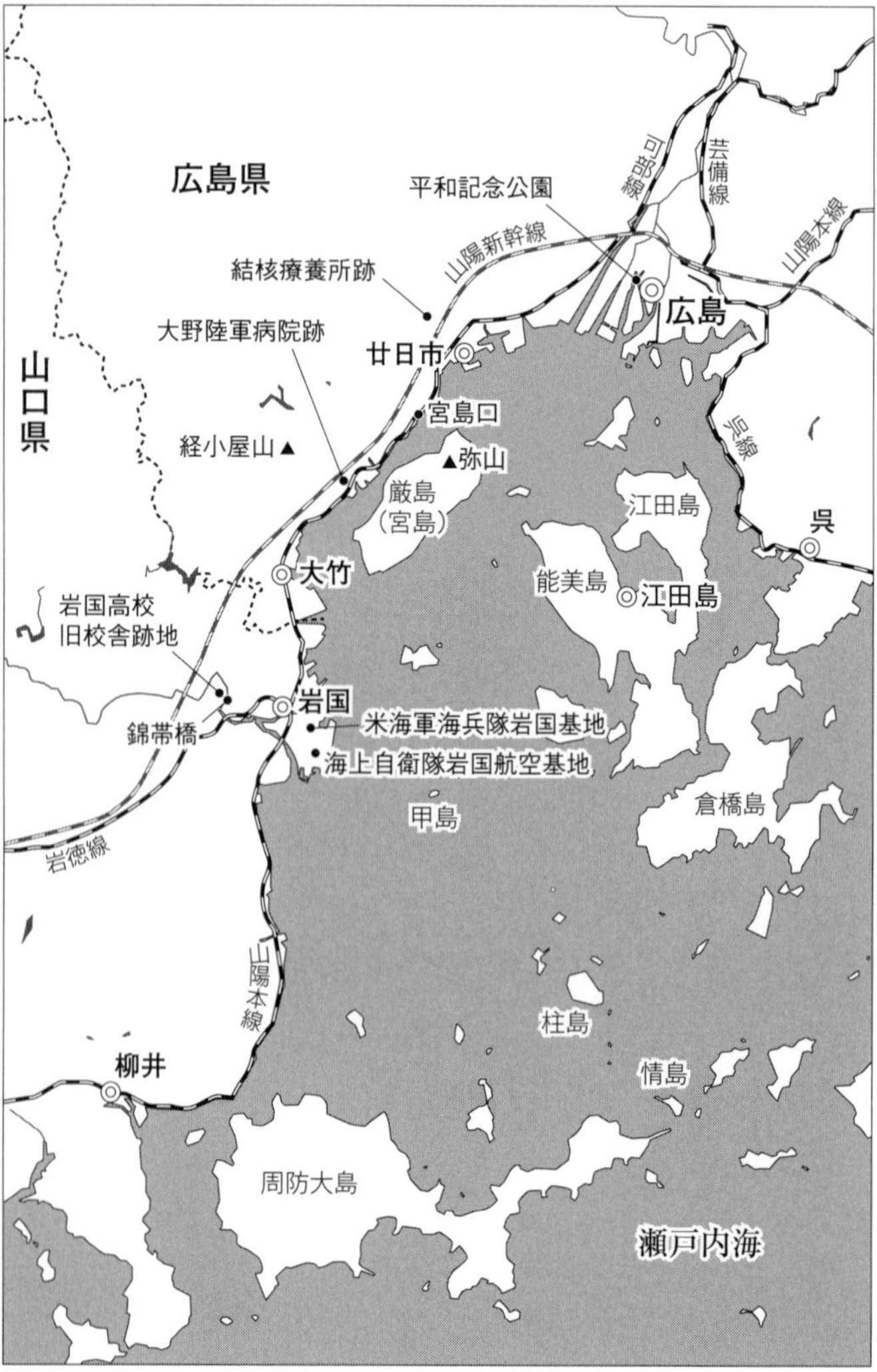

〈作成：佐藤康光〉

蓬莱の夢——「兜町の風雲児」加藤暠の実像

装幀／池田進吾（next door design）

第一章　悲運と強運と

原爆の子

加藤晧《あきら》は、昭和十六年（一九四一年）八月二十四日、広島県佐伯《さえき》郡能美町《のうみちょう》（現・江田島《えたじま》市）で生まれた。能美町は、広島市沖の瀬戸内海に浮かぶ能美島にある。蜜柑《みかん》の段々畑の連なる斜面が海に向かって続き、静かな入り江には牡蠣《かき》の養殖筏《いかだ》が点在していた。かつての海軍兵学校があった江田島は、この能美島と陸続きの北東側にある。

家は資産家だったが、母親は加藤が二歳の時に亡くなったため、父と姉、兄の四人で暮らしていた。それでも平穏で楽しい日々であった。

加藤を人生最大の出来事が襲ったのは、四歳になる直前だった。当時、胃腸が弱かった彼は、広島市の舟入川口町《ふないりかわぐちちょう》にいた伯母の家に預けられ、そこから胃腸専門医院へ通わせられていた。

昭和二十年（一九四五年）八月六日午前八時十五分、史上初の原子爆弾が広島市中心部の

相生橋《あいおいばし》上空約六〇〇メートルで炸裂した。広島市は一瞬にして地獄と化した。人々は、中心部では蒸発し、半径一キロ以内では体がバラバラになり、二キロ以内では倒壊した建物の下敷きによる圧死や、発生した火災による焼死となった。

爆心地から南西に一・五キロの舟入川口町も、ほとんどの家屋が倒壊した。あちこちで発生した火災で生きながら焼かれる人もいて、ほぼ全滅の状態であった。

伯母一家も全員爆死したなか、加藤だけは奇蹟的に瓦礫《がれき》の下から引っ張り出され、救助された。熱線も爆風も受けず、ほぼ無傷で生き延びたことは、彼がきわめて運の強い人間であることを物語っている。とはいえ、この被爆体験がその後の彼の考え方や行動に大きな影響を及ぼすことになったのは、言うまでもない。

加藤の強運さは、被爆の一ヵ月後にも証明されることになった。

八月十五日の終戦から一ヵ月あまり経った九月十七日、史上最強といわれる枕崎台風が日本列島を襲った。彼はこの時、広島市から西の、宮島の対岸にある大野村（現・廿日市《はつかいち》市）の大野陸軍病院に、原爆被災者として収容されていた。

この台風がもたらした暴風雨のため、広島県では土砂崩れが相次ぎ、花崗岩が風化してできた真砂土《まさど》の急傾斜地の多い西部を中心に、約二〇〇〇人の犠牲者を出した。

大野村では経小屋山《きょうごやさん》から流れ出る丸石川で土石流が発生し、ふもとの大野陸軍病院はこの直撃を受けて、川沿いの病棟にいた被爆者を中心に一五六人が亡くなった。

このなかには、被爆者治療と新型爆弾（原爆）研究のために滞在していた四〇名の京大調査団のうち、医学部と理学部の教授以下一一人の団員が含まれていた。そして犠牲となった団員のなかには、戦争末期、海軍の要請に基づき、日本初の原爆製造をめざして研究を行なっていた核物理学の荒勝文策《あらかつぶんさく》教授の研究室の主要メンバー三人もいた。

付近の人の話によると、嵐の翌朝、対岸の宮島との間にある狭い大野の瀬戸に西瓜《すいか》がたくさん浮いているように見えたが、よく見ると犠牲者の頭だったという。

ここでも加藤は奇蹟的に難を逃れた。畳の上に乗って海に浮かんでいるところを発見され、救出されたのである。まさに神がかり的というほかない。

結核

その後、能美島に帰った加藤は平穏な生活に戻り、島の小学校に入学した。

再び転機が訪れるのは、加藤が小学校五年の時であった。父親が株取引に失敗し、全財産を失ったのだ。家や土地も人手に渡ったため一家は極貧の生活に墜ち、再生を期して広島市内に転居した。

それから四年後の昭和三十二年（一九五七年）四月、加藤は市内の中学校を卒業して私立の修道高校に入学する。この当時、広島市は公立高校の総合選抜制を実施していた。これは、特定の高校に志願者が集中するのを防ぐため、市内の五つの公立高校に成績順に均等に志願者を割り振る制度である。しかし、この制度によって、公立高校は一流大学への進学率が落ちてきた。そこで優秀な生徒は、国立の広島大学附属高校か私立の修道高校に進学するようになっていた。

広島大附属はいわゆる頭の良い生徒が集まる学校で、学者や芸術家などを多く輩出していた。一方、私立の修道は男子校で、上昇志向旺盛な生徒が多く、政治家や企業経営者、スポーツ選手などを多く輩出する傾向があった。小学校の時から目立って優秀だった加藤は、東大から官僚へという目標を持って修道高校に入り、勉学に励んだ。

ところが、高校三年の夏、突然、絶望の淵に追い込まれる事態が発生した。体育の授業中に喀血《かっけつ》したのである。すわ原爆症、と加藤は疑ったが、検査の結果肺結核であることが判明し、休学して結核療養所に入ることとなった。

療養所は、佐伯郡廿日市町（現・廿日市市）の地御前《じごぜん》の山手にあった。療養にはもってこいの場所で、気候は一年を通して温暖、しかも風光明媚。目の前に、海を隔てて厳島《いつくしま》神社のある安芸《あき》の宮島を望むことができた。この辺りから見る宮島は弥山《みせん》の山並みが観音様の額、鼻、唇の輪郭にそっくりなので、日々この寝姿を拝む人も多い。

肺結核は、戦前は「死の病」であった。「国民病」とも言われ、多くの著名人がこの病で若くして亡くなっている。世間的には昔から「肺病」と呼ばれ、遺伝性の病気ではないにもかかわらず遺伝するという誤解が根強く、特に地方では、「あの家は肺病の家系だ」と言って結婚などで暗に差別が行なわれていた。

戦後、米国で開発されたストレプトマイシンという抗生物質が出て治る病気になったもののの、昭和三十年代の頃は、化学療法で治らなければ手術が基本であった。戦後まもなくは、胸腔に空気を入れて肺を押しつぶし病巣を圧迫させる気胸《ききょう》や、肋骨を数本切り取って胸腔を押し縮める胸郭整形術が多かった。このため、加藤が入所した療養所でも、過去に整形を受けて片方の肩がガクンと落ちている患者の姿が、あちこちに見られた。患者たちは「洋服屋泣かせ」と自嘲気味に話していた。

加藤の場合は、入院する相当前から疲れやだるさが続いていた。しかし、それを原爆症ではないかと本人が勝手に思い込み、周囲に隠していたため、喀血した時にはかなり病状が進んでいた。

原爆症もまた、当時は遺伝するのではないかとの偏見が根強かった。被爆し死産した胎児に奇型が見られることがあったし、無事に生まれても原爆小頭症のような重い障害が出ることもあった。また後年、白血病になったり、高い確率で癌《がん》を発症したりする危険性もあったため、無知な人々は被爆者を恐れた。

広島市内の比治山《ひじやま》の山頂に、米国のＡＢＣＣ（原爆傷害調査委員会）の施設があった。カマボコ型の変わった建物がいくつも並んでいて、それだけで特異な雰囲気だったが、そこに検査のために連れて行かれると人体実験をされる、という不穏な噂も流布《るふ》していた。

地元の人々は、原爆のことを「ピカドン」と呼んだ。爆発の時に閃光がピカッと光り、続いてドーンと爆音が響いたからである。被爆した人を見ると、「あの人はピカに遭った」と言ったりもした。被爆者のなかには、火傷《やけど》の後遺症であるケロイドを隠すために夏でも長袖シャツを着込む人がいた。また、就職や結婚の際に差別されることもあったので、被爆体験を隠す人も多かった。

加藤も、体調異変は原爆症のせいだと思い込み、隠していた。それによって結核の早期発見、早期治療の機会を逃したため、薬と安静だけでは病状が劇的に改善することはなく、長期間の療養を要する羽目になった。

主治医から、早く退院するために病巣を切除する手術を受けたらどうかと勧められたが、肋骨《ろっこつ》は取られないまでも背中に手術による大きな傷跡ができるのが嫌で、断わり続けた。一般に、手術は、患者を手術台の上に横向きに寝かせて背中から胸を開くので、痕は背中から脇の下あたりまで、三〇センチ以上の長さになる。人によっては皮膚がケロイド状に盛り上がることもあるので、「昇り龍」と自嘲する患者もいた。

冬の夜には、年老いた患者がひっそりと息を引き取っていった。真夜中に突然、バタバタと看護婦たちが廊下を走る音が聞こえてくることがあったが、そういう時はきまって誰かが死んでいくのだ。

『海と毒薬』

加藤が手術を断わり続けたのは、単に背中に残ってしまう大きな手術痕のためだけではなかった。手術という行為そのものに、漠然とした不安を感じていたのである。その頃にはさすがに手術そのものによって死亡するということはめったになかったものの、それでも患者たちの噂などでは、結構恐ろしい話が出ていた。

肺結核の手術は、日本では戦前から大学病院などで先駆的に行なわれていたが、まだ完成度は低く、失敗して亡くなる患者も多かった。このことを臨場感をもって描いた小説に遠藤周作の『海と毒薬』がある。加藤は同室の患者に勧められてこの本を読んだのだ。

この作品は、太平洋戦争末期に九大医学部で行なわれた米兵捕虜生体解剖事件をモデルにしている。主人公たちの人間としての良心と、医師としての功名心・探究心、また組織人としての立場などの葛藤を通して、日本人の罪の意識に迫った問題作である。

この時行なわれた手術の目的は、人間は血液をどれだけ失ったら死ぬか、あるいは海水による代用血液はどの程度有効か、人間は肺をどれだけ失えば死に至るか、といった戦争医学の課題の解決に資する資料を集めることであった。ちなみに、作者の遠藤周作自身も肺結核の手術を受けている。

加藤は、被害者となった米兵捕虜、すなわち墜落したB29爆撃機の八名の搭乗員に自分自身を重ね、言い知れぬ不安を覚えた。麻酔により意識を失って横たわる体に、医師の冷たいメスが入るのだ。

戦後、米国からストレプトマイシンが入ってからは、化学療法によってある程度病巣を縮小させてから手術をするので、肺の切除範囲は小さくなっていた。また麻酔法や止血法の改善、さらには電気メスの使用などで、肺結核の手術ははるかに安全になった。このため全国各地の病院や療養所で競って手術を行ない、新しい手技の開発も次々に行なわれていた。

ただ肺に癒着があり、これを剝《は》がす際の出血がひどい時は輸血を行なうこともあり、輸血した血液からまれに血清肝炎になることもあった。

これらのことから、加藤はこれ以上リスクを負うことはしたくなく、絶対に手術はすまい、いくら療養期間が長くなろうとも、薬だけで治そうと決心した。

ところで、加藤に『海と毒薬』を勧めた同室の患者は、西川という若者だった。背の高い、ひょろっとした体型で、京大理学部の学生ということだった。大学の健康診断で結核が見つかり、故郷へ帰って療養していたが、長引いたので手術を受けたのだそうだ。その頃は、体力を回復させて退院するのを待つ日々であった。

この西川もまた、手術そのものよりも、術前の気管支鏡などの検査のほうが大変だと言って、加藤を怖がらせた。

ある時、加藤は西川に言った。

「結核は長期間人を拘束する惨《むご》い病だ」

するとと西川は、

「結核なんかまだマシだぞ。癩《らい》病になると社会から完全に抹殺されてしまう」

と応じて、自分が父親から聞いた話を加藤に聞かせた。

癩病とは今でいうハンセン病のことである。ライ菌によって起こる感染力の弱い感染症で、特に顔の皮膚や手指に変形をもたらすので怖がられた。戦後、特効薬が出て完全に治る病気になり、今日では新規患者は出ないが、当時は差別もひどく、恐れられていた。

西川の話によると、戦前、中国山地の奥にある山里では、癩患者が発見されると列車に乗せて療養所に連れていくが、隔離のため患者を乗せた車両の前後の入り口に警察官が立って見張っていたとのこと。そして、瀬戸内海に浮かぶ岡山県の長島にある長島愛生園に収容されて、世間から完全に隔離され、死ぬまで島から出ることはなく、家族とも縁を切られたという。いわば社会的に抹殺されるのだと。

加藤はこの話を聞いて、その悲惨さよりも、島に集められて暮らすのも悪くはないと思った。ただ、たまには島から出る自由や家族との連絡も認める必要があるが……。

そして、満足のいくような住居もなく今なおバラック建てに住んでいる多くの貧しい被爆者たちを、一つの島に集めて人間らしい暮らしをさせてやることも必要ではないか、と考えはじめた。島育ちの加藤は、島に対する思いも一般の人とは違うものがあったのだ。

魂の彷徨

絶対に手術をせずに治そうと決意した加藤は、真面目な療養生活を送ろうと思い、安静時間中は本も読まずに、じっと寝ていることにした。看護婦からは「安静の神様だね」と笑われたが、その甲斐あってか、体調はきつい、だるいと感じていた入院時とは打って変わって良好となり、病院内を歩いても、きつさをほとんど感じないまでになった。

それでも、三ヵ月ごとに撮るレントゲン写真は、病状の進行は止まったものの、なお長期療養の必要性を示していた。そして一年、二年と経つにつれ、加藤は自分が世の中の動きから取り残されつつあると感じるようになった。

同級生たちは次々と、東大をはじめとする一流国立大学に進学していく。学力に自信があっただけに、加藤はいっそう焦《あせ》った。夜も眠れない日々が続いた。原爆や土石流に襲われながらも奇蹟的に命を永らえた自分に、今度は病魔が襲ってきた。これは神が自分に与えた試練なのか。

ベッドの横の枕頭台《ちんとうだい》に置かれていた本は、いつのまにか教科書から哲学書や宗教書に代わっていた。ニーチェや法然、親鸞、道元にも親しむようになった。

少なくとも自分は生かされてきたのだ。

今後もたぶん生かされるだろう。

この病気もいずれは治る。

自分が生かされてきた理由は何だろう？

神や仏は自分に何を期待しているのだろうか？

そう思うと、無性に宗教に興味が湧いてきた。

人間は、大病を患《わずら》うと生と死について真剣に考えるようになる。救済を求めて宗教にのめり込む人も多い。全国どこの療養所でも、宗教やイデオロギーなど、さまざまな精神の毒薬のようなものが蔓延していた。弱い人間は何かにすがりつこうとするのだ。

加藤がいる療養所でも、朝夕のお勤めなのか、ベッドの上で木魚をポクポク叩いてお経を唱える者が少なからずいた。こうした行為は禁止されているはずなのだが、都会の病院と違い、田舎の結核療養所は比較的おおらかだった。

イデオロギーについても同様だ。この療養所にも、看護婦を中心に共産党の活動がじわりと浸透していた。古参の入院患者を世話役にして、共産党の〝細胞〟のようにひっそりと会合を開き、「赤旗」をこっそりと配布していた。他人からは勉強家のように見える加藤にも何度か誘いがあったが、彼は共産主義は生理的に受けつけられず、断わった。

同室の京大生・西川は熱心な「赤旗」の読者だった。彼は、「ここも次第に当局の目が厳しくなって、活動家の看護婦たちも陰に陽に圧力を受けている」と加藤に言った。

療養所では寝ることが仕事なので、三度の食事と看護婦による朝晩の検温以外は自由時間であった。ただ、夕食が午後五時すぎと早いのが、困ったことだった。この時間ではまだ腹が減っておらず、逆に、消灯時間がきて眠る頃になって腹が減ってくるからである。もっとも当時は、どこの病院でもこんな決まりであった。

病状が落ち着くと、日中の外出や外泊が認められるようになった。加藤は広島市の中心部・幟町《のぼりちょう》にある教会を訪れたり、三原市の佛通寺《ぶっつうじ》で座禅を組んだりした。

加藤が訪れた幟町教会は、広島市中心部の八丁堀から少し北へ行ったところにあった。そばには被爆者を悼み、世界平和を祈念して建てられた、建築家・村野藤吾《とうご》の設計で有名な世界平和記念聖堂がそびえている。

　加藤の特異な体験を聞いた神父は、加藤に「あなたは選ばれし者だ。現代のノアだ」と言った。そして、今後の大学受験に対する不安を打ち明ける加藤に対して、新約聖書マタイ伝（マタイによる福音書）の一節を紹介した。

「窄《せま》き門より入れよ。沈淪《ほろび》に至る路《みち》は濶《ひろ》く、その門は大いなり。これより入るもの多し。命に至る路は窄く、その門は小さし。その路を得る者は少《まれ》なり。」（内村鑑三「聖書注解全集」第8巻／教文館）

　このあと、加藤は平和公園へ向かった。原爆ドームの近くの太田川の川沿いには、被爆者たちが住む、通称「原爆スラム」と呼ばれるバラック建ての住居がひしめいていた。その数三〇〇〇戸ともいわれるこの一帯は、近代的なビルが建ちはじめた周辺とは全く雰囲気の違う一角で、戦後が色濃く残っていた。

　バラックは主として廃材で作られており、屋根はトタン葺きが多かった。その多くは家屋が半分ほど岸から川の上へ突き出ており、川の中に立てられた数本の木の支柱によって床が支えられていた。このため便所は、排泄物を直接川に落とす文字どおりの〝水洗〟便所で、衛生上も問題があった。しかし、餌を求めて家の下に集まってくる魚も多く、釣りには好適であった。

家々のなかには、原爆ドームを見学に来た観光客を相手に土産物屋をやっているところも多く、絵葉書のほかに、その辺りで拾ってきたと思われる、原爆の熱線によって表面がブツブツになった被爆瓦や、同じく熱線によって半ば溶けてグニャリと変形したガラス壜などを店先に並べて売っているところもあった。

ラーメンやおでんを食べさせる食堂らしき店もあった。暗くて一見したところ食堂には見えないが、家の軒先で大きな古い鍋でまっ黒い汁の中でおでんをグツグツ煮ているので、はじめてそこが食堂だということがわかった。中は裸電球一つで薄暗く、汚かったが、味は滅法良かった。ほかにも、廃品回収業をやっていて、店先にくず鉄や銅線などが積まれている家もあった。

ここ原爆スラムでは、寄る辺のない被爆者たちが、生きていくためにあらゆる手段を使って、毎日を必死の思いで生きているのだ。加藤は、自分も被爆者であることを思い出し、胸が痛んだ。

次いで加藤は、元安橋《もとやすばし》を渡り、平和公園内にある原爆慰霊碑に詣でた。碑文には「安らかに眠って下さい　過ちは繰返しませぬから」と刻まれていた。この碑文は広島大学教授の雑賀《さいか》忠義によって作られたというが、主語は誰だという意見や、そもそも原爆投下責任は誰にあるのかという意見があり、世間でも話題にされることが多かった。

また当時、この碑文に対する新たな観点からの批判が出たという記事が、地元の中国新聞に掲載された。この碑文を見たイスラエルの少女が、「これはおかしい。人間というものは、もともと過ちを繰り返す生き物なのだから」と言ったという記事である。

これを見て、加藤は面白いと思った。物事にはいろいろな見方がある。原爆投下によって日本の敗戦が早まり、結果としてソ連による北海道、北東北の占領が回避され、日本が朝鮮半島やドイツのような分断国家にならずに済んだのだ。昭和天皇は広島への原爆投下は止むを得なかったと言い、これに対して広島の被爆者たちは反発したが、彼らはまさに自己を犠牲にして日本を救ったのだ。

平和公園を北に向かい、相生橋を通って加藤は帰途に就くことにした。相生橋は、太田川が元安川と本川に分かれるところに架けられたT字型をした橋で、形の目立ちやすさから米軍機「エノラ・ゲイ」が原爆の投下目標にしたと言われている。その橋の東詰めのところまで来て、加藤は足を止めた。その頃、被爆して死んだ米兵のことが再び話題になっているのを思い出したからである。

それは、原爆が投下された八月六日と翌七日、相生橋東詰め近くの電柱らしきものに、一人の若い米兵が、上半身裸で、足を投げ出した姿で縛りつけられていたというものだった。従来から噂話として伝えられてはいたが、広島市が改めて被爆の体験談を募ったところ、この一件がかなりの数にのぼったのだ。ある人は、米兵は瀕死の状態だったがまだ生きていたと言い、ある人は、すでに死んでいたと言う。投石により血を流していたという証言もあれば、顔はきれいで傷ついてはいなかったという証言もある。

終戦直前、広島の捕虜収容所には二十人の米兵捕虜がいたが、全員、呉港に停泊中の戦艦「榛名《はるな》」を攻撃に来たB24やB29爆撃機の搭乗員だった。彼らは撃墜されてあちこちに落下傘で降下し、捕虜となったのだが、結局大勢が被爆死してしまった。

橋上の電柱らしきものに縛りつけられた米兵、敵国の地で母国が投下した原爆によって命を奪われた米兵――加藤は一瞬、この米兵が十字架に磔《はりつけ》になったイエス・キリストのように人間の業《ごう》を一身に表現している、と思い、手を合わせて冥福を祈った。

大人の男

　ある秋の日、加藤は外泊の許可をもらい、対岸の宮島に渡って弥山に登ることにした。宮島は島全体が厳島神社の御神体で、花崗岩が露出した最高峰の弥山は、頂上に弘法大師ゆかりの寺を擁して古くより聖地となっている。

　登山口である紅葉谷《もみじだに》は、紅葉が谷全体を埋めつくし、この世とも思われない赤い、幻想的な雰囲気を醸《かも》し出していた。谷川のほとりに茶店があって、板看板に「海軍兵学校御用達」と墨で黒々と書かれている。

　その茶店の縁台で一服していると、そばの登山道をトレパンをはいた若者の一団が駆足で登っていった。彼らは、近くの江田島にある海上自衛隊の幹部候補生学校の生徒たちであった。横須賀の防衛大学校を卒業してから入校するので、年の頃は加藤より二、三歳上であろうか。

　加藤は茶店の主人に尋ねた。

「走って頂上まで登るんですか?」

「ああ。あれも訓練の一つで、昔からあったよ。戦前は海兵の生徒さんたちが江田島からカッターでやってきて、ここから走って弥山まで登ったもんだ。もっとも、体格が良くなったせいか、今の自衛隊の人たちのほうが十分ほど早く頂上へ登るけどね」

主人がそう答えるのを聞いて、加藤には、昔の海軍兵学校の生徒たちが哀れに思えてきた。文武両道に秀《ひい》で、エリートと言われ、全国の少年たちの憧れの的であった海軍兵学校の生徒たち。彼らは、栄養不良の状態で米国と戦ったのか――。

加藤は、樅《もみ》や栂《つが》などの大木が繁る原生林の間の山道をゆっくりと登って行った。頂上近くの獅子岩《ししいわ》まではロープウェイがついており、これに乗れば楽々と行ける。しかし、山道を歩くことも重要な修行の一つだと思って敢えて歩き、標高五三五メートルの頂上に立った。そこは花崗岩の方形の巨岩が点在する、古代遺跡と見間違えるような場所だった。

直下には、弘法大師が護摩《ごま》を焚《た》き、百日間に及ぶ修行を行なったといわれる弥山本堂がある。その手前には、「消えずの火」といわれ、千二百年ものあいだ燃え続けている護摩の火を納めた霊火堂がある。

そして頂上からの眺望は、全周に瀬戸内海が拡がっていた。南東の方向に自分の故郷である能美島、それと陸続きになっている江田島が見え、北東の方向にデルタの上に乗った広島の市街地が拡がっている。十七年前にこの街の上に巨大なキノコ雲が拡がり、その下で幼い自分も含めた数十万人の人が焦熱地獄の中でうめいていたのだ。

その夜、加藤は頂上直下の本堂にこもった。

二十一歳になった加藤は、被爆、水害、結核という体験を経て、次第に宗教にも傾倒するようになり、自我の確立とともに彼独特の人生観を形成するようになっていた。

療養所の中で成人を迎えた加藤は、高校の教科についてはまだ完全に習得したとはいえなかったが、人生の勉強についてはすでに大学生になっている同級生以上に学んでいた。顔つきも、精悍さの中に意志の強さを感じさせる不敵な面構えとなり、大人の男の迫力を感じさせるようになっていた。

彼はこの頃、日中にこっそり療養所を抜け出して、近くの宮島口にある競艇場に行くようになっていたが、こうした風貌の故か、周囲の人が彼に違和感を持つようなことはなかった。加藤にとって、ボートレースは息抜きであり、人生勉強でもあった。

第二章　癒やしの時期

高校編入

四年近い療養生活を終えて、昭和三十八年（一九六三年）四月、加藤畠《あきら》は山口県岩国市にある山口県立岩国高校の三年に編入する。この時、二十一歳であった。

加藤の転校は、姉の磯野恭子の手引きによるものであった。

恭子は畠より六歳年上で、幼くして母を亡くした弟に対し、母親代わりに日常生活の面倒をみてきた。広島大学のⅡ部（夜間課程）を出て隣県の山口放送に入社し、結婚もしていた。そして、夫が広島市の裁判所に勤務し、自分は山口県徳山市（現・周南市）の放送局に通うので、その中間の岩国市に住居を定めていた。

恭子が弟の岩国高校への編入を決めたのには、次のような理由があった。一つは、修道高校に復学するよりは学力レベルの数段低い岩国高校へ入るほうが、四年のブランクを苦にしなくて済むこと。もう一つは、自分の家から通わせられること。

さて、岩国高校は、戦前の旧制中学の頃は山口県東部の名門校だった。広島県西部や島根県西部からも集まる生徒たちのために寄宿舎を備えており、それなりに人材を輩出していた。第四代校長・金子幹太は、のちに愛媛県の旧制松山高校校長となり、旧制高校のなかでも名校長と謳《うた》われるような存在だった。また、初期の卒業生には、我が国のマルクス経済学の創始者・河上肇もいる。

しかし、戦後の新制高校になると、市内の中学校の成績上位者が、こぞって列車で一時間の広島市内にある広島大附属高校や修道高校を受験するようになった。このため、岩国高校入学者の学力は格段に落ちてしまい、進学校としては山口県内でもBクラス、広島市内の高校からは数段落ちるありさまであった。例年の進学実績は、東大に一名、京大に三〜四名、阪大と九大に二〜三名、広島大に二十数名といった程度で、授業は標準的な広島大レベルに照準を当てていた。

男女は別クラスであった。教師は旧帝大卒の高学歴者が多く、比較的レベルは高かったものの、自分勝手に自分の好きなように教える教師も少なくなかった。このため生徒たちには授業内容がわかりづらく、大学進学の体制としては機能していなかった。就職する生徒も結構いたので仕方ないともいえたが、中途半端な教育方針であった。同窓会長ですらも、自分の子供を広島市内の進学校に行かせるなど、母校を全く信用していなかった。

加藤に対しては、一応、編入試験が実施された。三年の学年主任で英語担当の隼田《はやた》は、修道高校からの編入なので、自分の出身校である阪大の数年前の英語の入試問題をやらせてみた。加藤はほぼ満点近い成績をとったという。

三年D組の担任でもある隼田に紹介され、四歳年下の級友たちを前に加藤が発した言葉は、「ありがとう」であった。背はやや高く肩幅はガッチリしているが、痩《や》せて、あごひげとほおひげの剃り跡が青々とした、いかにも年上風に見える外見に級友たちはびっくりしたが、加藤が発したこの言葉には皆とまどった。

この日は体育の授業があったが、加藤は体操服の用意をしていなかった。そこで、クラス委員の私が急遽、隣のクラスの者からトレパンを借りてきて、加藤に貸した。その時、加藤はまた「ありがとう」と言った。

父親の転勤のせいで小・中学校時代に何度も転校を繰り返していた私には、転校生の悲哀がよくわかっていた。なので、以後も意識的に加藤の面倒をみた。

加藤の外見について、後日、級友たちは言ったものだ。

「あごひげを剃ったリンカーンのようだ」

「クリント・イーストウッドに似ている」

クリント・イーストウッドは俳優や映画監督として今なお広く知られているが、当時はイタリア版西部劇マカロニウェスタンの映画「荒野の用心棒」で初めて主役を務め、人気を博していた。

年上ではあるが明るくひょうきんで、冗談をよく言う加藤のまわりには、自然に人が集まるようになっていた。加藤も、年下のまだ幼さの残る同級生たちをそれなりにうまくあしらって、周囲から「加藤君は大人だ」と思われるようになっていた。

倫理の時間

級友たちが加藤という人間をより理解するようになったのは、それから二ヵ月後、六月の「倫理」の授業がきっかけであった。

当時は社会科のなかに「倫理」という科目があった。今で言えば「道徳」にあたるだろうか。担当の教師の片山は京大法学部を出ていたが、実家がお寺で本人はクリスチャンでもあった。

その時の授業のテーマは死刑廃止論で、片山は、廃止・存続それぞれの立場から生徒たちに討論をさせようとした。死刑存続の立場からは、私が被害者遺族の報復と処罰感情、加害者の再犯防止、社会に対する犯罪抑止効果、我が国の伝統的な国民感情、仇討《あだう》ちビジネスの発生抑止など社会秩序の維持、といった理由を挙げて持論を述べた。

それに対して片山は、「もし自分の家族が死刑になりそうな場合でも、死刑を認めるのか」という質問をした。父親が警察官であった私は、フランスの作家メリメの小説『マテオ・ファルコーネ』の例を出し、さらに「自分の家族が無残に殺されても泣き寝入りするのか」と言い、あくまでも死刑を肯定する持論を強調した。

その時だった。今まで黙って聞いていた加藤が突然立ち上がり、顔を真っ赤にしてこう言ったのだ。

「死刑は絶対に廃止しなければならない！」

それまで、明るく温厚で穏やかな話し方をする加藤しか知らなかった級友たちは、この断固たる物言いにあっけにとられた。

「人間はもともと不完全な存在である」

「過ちを犯すことは誰にでもある」

「人間が人間の命を奪うことが許されるのか」

加藤の発言は論理的というよりはむしろ感情的であり、級友たちが、彼の身内に誰か該当者がいるのではないかと思うほどであった。

「親鸞が『善人なをもて往生を遂ぐ、いはんや悪人をや』と言っている」

教師の片山がそう言うと、加藤は相槌を打った。

「そうです、悪人をや、です」

片山は、加藤が修道高校でも成績上位にあり、編入試験の結果も抜群であったと担任の隼田から聞いていた。また、物事を深く考える人間であるということも、それまでの授業からうすうす感じていた。このため、加藤のこの宗教的とも言える発想は、おそらく彼個人の独特の人生観にもとづくものであり、彼の今までの人生が紆余曲折に満ちたものであったに違いないと思った。そして、彼に対する興味を一段と深めることになった。

「ミスター加藤、今日はこれぐらいにしよう。次回は君の人生観を聞くことにしよう」

そう言って片山は授業を終えた。

実家がお寺でもある片山は、一時、広島刑務所で教誨師《きょうかいし》をやっていた。坊主頭の茫洋とした風貌とともに、いつも右手小指に包帯をしているのが皆の気になるところであった。一部の生徒たちの間では、裏の世界とのトラブルで小指をつめさせられたのではないかという噂が飛び交っていた。

翌週の「倫理」の時間、片山は言った。

「今日は加藤君の人生観を聞いてみんなで勉強しよう。ミスター加藤、お願いします」

加藤は「はい」と言って立ち上がった。

この頃の加藤は、相変わらず痩せていたために眼窩《がんか》はいくぶんくぼんで見え、ほおが削《そ》げた顔貌をしていた。頭は丸刈りだったが、濃い眉の下にある理知的な目からは、柔和でありながら時には鋭い光が放たれ、鼻筋はまっすぐに通り、えらが張ったあごと引き結んだ唇からは意志の強さがうかがわれた。

ストイックな風貌からは苦行僧か求道者を感じさせる雰囲気が漂っていた。それでも、四月にこのクラスに編入した当時の緊張感をはらんだ、ガリガリに痩せた感じよりはいくぶん余裕と安心感が垣間見えるようになっていた。

「僕は被爆者です。三歳の時に被爆し、周囲の者は皆死んだのに、瓦礫《がれき》の中からただ一人奇蹟的に助け出されました。枕崎台風の土石流からも奇蹟的に生き延びました。高校の時に喀血《かっけつ》し、原爆症の発症ではないかと悩みました。結局結核だとわかり、高校を休学し、療養所で療養生活を送りました。学業の遅れ、病気のこと、原爆症のことを考えると焦《あせ》り、不安にさいなまれ、生きる目的を見失いがちになり、それ以来、生き方や人生について考えるようになりました。答えを求めるべく教会の門を叩いたり、座禅を組んだり、お堂にこもったり、念仏や法華経を唱えたりしましたが、納得のいく答えは出ませんでした。ニーチェや般若心経《はんにゃしんぎょう》を読んでも悩みは解決しません。今も模索している毎日です。将来の夢は、瀬戸内海に島を一つ買い、そこに被爆者たちが自給自足をして穏やかに暮らせるユートピアを作ることです」

以上のようなことを、加藤は五十分間にわたり、身ぶり手ぶりを交えて真剣に話した。自分の思いを吐き出すように、ある時は激しく、またある時は静かに、訴えかけるように話した。

加藤の態度があまりに真摯《しんし》なので級友たちは圧倒され、ただ静かに聞き入った。話の内容も説得力があり、それまでにこういう話を聞いたことのない級友たちの心の深いところにまで届き、魂を揺さぶるようであった。なかには涙を流している者さえいた。

ただ加藤は、話を面白くすることにも意を用いていた。宮島の弥山《みせん》の頂上直下のお堂にこもった時、隣室でアベックが一晩中いちゃついていたために気持ちを集中できなかったこと。座禅をして意識統一をしたつもりが、その夜夢精をしてガッカリしたこと。ある禅寺で修行したがいつまで経っても悟りが開けないので住職に相談すると、「まだこれが足らない」と言って人差し指と親指でマルを作られたこと――。こういったエピソードが語られた時には、静まりかえった教室も一瞬、緊張が解け、笑いがもれた。

加藤の話し方の巧みさと、自分の心をありのままにさらけ出し、本音をさらすことによって相手の心の中に飛び込んでいくやり方は、一種のカリスマ性を感じさせた。

高校生活

こうして四歳の年の差を次第に埋めながら、加藤は級友たちに溶け込んでいった。

岩国は、もともと長州藩（毛利藩）の支藩・吉川《きっかわ》家の城下町として発展してきたところで、岩国高校の前身の旧制岩国中学校は藩校・養老館の後身として設立された。このため、卒業生も在校生もプライドが高く、保守的な風土が一般的であった。

生徒の内訳をグループ別に見ると、学校側に従順で真面目な生徒会グループと、アウトロー的な柔道部グループと、そのどちらにも属さない大多数の中間派グループに分けられた。生徒会グループの連中は、素直で教師の言うことをよく聞くので必然的に教師の覚えがめでたく、体制的で優等生的な者が多かった。柔道部以外の運動部の連中も基本的には生徒会グループに属した。

これに対してアウトロー的な柔道部グループは、一匹狼や無頼派が多く、行動形態はすでに大人のそれであり、醒めた目で周囲を眺めて物事を本音で見ていたので、意外に事の本質をつかんでいた。部費の使い込みをした顧問の教師を、柔道部グループの生徒たちがつるしあげていたこともあった。

教師たちは、柔道部グループにはあたらずさわらずといった感じで気を遣う反面、生徒会グループの連中を使って生徒会運営や学校行事をスムーズに運営し、保身を図っていた。彼らは基本的にはサラリーマンで、自分の勤務評定にプラスに働く生徒会活動をした生徒たち、運動部に所属していた生徒たちを優遇する傾向があった。

加藤とアウトロー的なグループはお互いに親近感を感じ、自然と近づいていったが、保守的な生徒会グループの連中は本能的に加藤を避け、加藤も敏感にそれを感じていたのでお互いに交わることはなかった。

加藤が親しく付き合う相手は、むしろ商店主や自営業者といった、いわゆる商売人の息子たちが多かった。比較的開放的な考え方をする商売人の息子たちと社会経験が少しあった加藤とはウマがあったのだろう、放課後や休日もよく一緒に遊んでいた。

やがて友人たちは、加藤が高校生には禁じられている競艇にしばしば行くということを知った。担任の隼田はうすうす気づいてはいたが、知らないふりをしていた。隼田は「彼は大人だからな。真面目に勉強をしとけば東大でも軽々と入れるのに」と言っていた。

興味のない単調な授業が続くと、加藤は突然、学校を休むことがあった。後日、友人が理由を訪ねると、加藤は言った。

「宮島の競艇に行っていた。俺は療養所にいる頃から競艇場にはたびたび出入りしていた。レースが始まる前にボートがくるくるとコースをまわるが、じっと見ていると、どの舟が一番になるか見えてくるんだ」

株にのめり込んでいた父親の血を引いたのか、加藤はギャンブルに対する興味が早くから芽生えていたようだ。その天性の博才《ばくさい》は、趣味と実益を両立させる成果を出していた。

光と影

ある時、加藤が今津町《いまづまち》の関所山《せきしょやま》のそばの道路を歩いていると、突然「ヘイ、ボーイ」という英語が背後から聞こえてきた。と同時に、二人乗りのバイクが猛烈なスピードで体のそばを走り抜けて行った。黒人米兵が運転するバイクの後部座席に乗った派手な化粧をした女が、「バカ、危ないじゃないの」と真っ赤な口紅を塗った口を開けてののしった。

ここ岩国には、「川下《かわしも》」と呼ばれる錦川《にしきがわ》の広大な三角州地帯に米軍基地があり、岩国という町を、「城下町」「工業都市」以外に「基地の町」というもう一つの側面で特徴づけている。もともとここには戦前から帝国海軍の航空隊基地があり、真珠湾やミッドウェー攻撃の前には山本五十六も参加して作戦会議が行なわれ、その後、市内の料亭で壮行会が開かれるなど、基地の町として発展してきた。

戦後、米軍がここに海兵隊基地を置き、そのおかげで各種交付金や補助金が入り、市が財政的に潤うことになった。他方で米兵相手の飲食店が軒を連ね、パンパンと呼ばれる特殊な職業女性たちも現われた。錦川に架かり、国の名勝にも指定されている五つの太鼓橋の連なる木造の錦帯橋《きんたいきょう》を米兵がジープで渡るという無茶な出来事も起こった。酔っ払った米兵がバイクに乗ったまま錦帯橋の下流の吸江淵《りゅうこうぶち》に突入するという事件もあった。

加藤にとって米国とは、原爆を落として自分の伯母一家を殺し、自分をも原爆症発症の恐怖で長らく悩ませた国である。その国の兵隊たちを見る彼の目には、複雑な気持ちが表われていた。個々人の米兵は、白人であろうと黒人であろうと皆明るく、陽気で人なつっこかった。一人一人の米兵が悪いわけではない。広島県や山口県で撃墜されたB24やB29の搭乗員のなかには、連行された広島の収容所で被爆死した捕虜もいたのだ。悪いのは、原爆の使用を決めた米国の指導者と、無謀な戦争を起こした日本の指導者たちなのだ。

戦後二十年近くが経ち、高度経済成長に沸く昭和三十年代後半でも、岩国はまだ敗戦国のような一面を見せることがあった。武家屋敷や昔の町割が続き、落ち着いてはいるが、重く沈んだ暗い雰囲気をした城下町の西岩国、我が国初の石油化学コンビナートを中心とした海岸沿いの工場群とアーケードのある商店街を中心とした明るい麻里府《まりふ》地区、広大な米軍基地とその周辺に群がる米兵相手の飲食店を中心にした横文字が溢れる歓楽街で、特異な雰囲気を持っている川下地区、この三つの側面を持つ岩国市は、さながら加藤の性格の三面を表わすようであった。

真摯に話せば聞く人を感動させるカリスマ的な能力を持っている加藤だが、その性格には複雑な要素があった。それは、誰とでもすぐに打ちとける明るい気さくな面であり、他方では被爆者、結核療養者としての暗い過去であり、さらにはギャンブルに逃げ込むひ弱な面である。そして、光が強ければ強いほど影が濃くなるように、これら三つの面が彼の性格と感情の起伏をより深いものにした。

向こう側の人間

その日の体育の授業は、校庭の北側に横たわる城山の山頂まで、標高差二〇〇メートルほどを駆け足で登ることであった。

城山は、昔は山頂に天守閣があったのだが、毛利の支藩だったので明治に入り率先して取り壊したために、当時は苔《こけ》むした石垣が残るだけとなっていた。三橋美智也が歌う「古城」のイメージにぴったりの城跡である。全山が椎《しい》や樫《かし》や樟《くす》などの常緑広葉樹に覆われ、緑地保全地域に指定されている。

この鬱蒼《うっそう》とした樹林の下についている滑りやすい急な山道を、クラス全員が走って登るのである。ハァハァと息をついてやっと山頂に着いた生徒たちは、皆地面に座り込んだ。

山頂から見ると、掘割に沿って高校の古い木造校舎群が建ち並ぶ横山地区の南側に錦帯橋の架かる錦川が流れ、その南側の西岩国の城下町の碁盤の目状の街並みの向こうには広大な三角州が拡がり、さらに瀬戸内海が一望できた。瀬戸内海には、米軍の射撃練習場がある甲島《かぶとじま》から漁村のある柱島《はしらじま》までがうっすらと浮かんでいる。この柱島は当時映画の時代劇「丹下左膳《たんげさぜん》」などで活躍していた俳優・大友柳太朗の出身地でもある。

柱島出身の中森は、能美島《のうみ》出身である加藤に語りかけた。

「あの辺りで戦艦『陸奥《むつ》』が謎の爆発をして沈んだのだ。今でも漁をしていると、時たま遺骨が網にかかることがあると親父が言っていた」

岩国市沖にある瀬戸内海の柱島近辺は、かつては呉の外港で「柱島泊地《はくち》」と呼ばれ、連合艦隊の軍艦が錨《いかり》を下ろす場所だった。真珠湾攻撃の際に発せられた「ニイタカヤマノボレ　ヒトフタマルハチ」という暗号電文は、ここに停泊していた旗艦「長門《ながと》」の艦長室から山本五十六によって発せられたのだ。電文は佐世保の針尾送信塔を経て、千島列島択捉《えとろふ》島の単冠湾《ひとかっぷ》に集結していた連合艦隊に届いた。ここ柱島泊地は、いわば太平洋戦争の起点となった場所である。

この厳しい山の冬の登山を意味する一通の暗号電文によって、日本は泥沼の戦いに足を踏み入れることになったが、戦艦「長門」は戦後まで生き延び、ビキニ環礁における米国の水爆実験において標的艦として利用された。

加藤は中森に対して、こう応じた。

「『陸奥』の場合はその後があって、事故後、住民たちには箝口令《かんこうれい》が敷かれ、本土側の海岸沿いには憲兵が多数配置され、運良く生き延びた兵隊たちは隔離されて、ほとんどが南方へ送られたのだ。こういうやり方があちら側の人間のやり方なのだ」

文房具店の長男である伊藤も、これを黙って聞いていた。彼の父親は、かつて零戦《ゼロせん》のパイロットだったのだ。

舵子《かじこ》

体育の授業で城山に駆け登った二、三日後、中森は、爆沈した「陸奥」の生存者のその後の話をもっと聞きたくて、加藤に話しかけた。すると、

「そのような惨《むご》いことはまだあるぞ。情島《なさけじま》の舵子の話を聞いたことがあるか」

と加藤は言った。当時、舵子の話はすでに忘れられかけていた十数年前のことで、これを知っている人は年々少なくなっていた。

岩国市の南方に、瀬戸内海で二番目に大きな島・周防大島《すおうおおしま》がある。情島は、この島の東

端に海峡をはさんで位置する小さな漁師の島で、島民のほとんどが鯛《たい》の一本釣りで生計を立てていた。

潮流の激しい海峡で一本釣りをすることから、釣舟には舟の位置をうまく調整するために常に舵《かじ》を操作する人、つまり「舵子」が必要であった。舵子は十歳から二十歳くらいまでの男子で、地元では伊予《いよ》（愛媛県）の貧しい農村の子供を年季奉公の形で受け入れ、労働力として使っていた。そのため彼らは「伊予子《いよこ》」とも呼ばれた。しかし、実質的には人買いと同じで、安い労働力を買い取るようなものであった。

貧しい家庭では、食い扶持が一人減り、わずかながらもまとまった金が入るので、容易にこれに応じた。貧しい家の娘が遊郭へ売られていくようなものである。当時の周防大島は貧しく、戦前からハワイへ移民を多く出すような地域であったが、愛媛県の山間部や農村地帯はもっと貧しかったのだ。ちなみに、加藤の祖父も戦前ハワイに渡って百貨店業で財を成し、故郷に凱旋《がいせん》して立派な家を建てている。

舵子を受け入れた家では、中学校までは学校に行かせなければならないのに行かせないだけでなく、寝るところも畳のない土間に筵《むしろ》を敷いて寝かせるなど、自分の家族とは切り離して生活させるところが多かった。まさに奴隷であった。

このような実情のため、情島は島外の人からは、その名とはおよそ正反対の「奴隷島」「人買島」と陰で呼ばれることが多かった。満足な食事を与えられない舵子は、芋《いも》などの食料を盗むことが往々にしてあり、捕まった舵子が魚を入れる生簀《いけす》を利用した木の檻《おり》に入れられ、衰弱して死亡するという衝撃的な事件が起こったこともあった。

ある時、耐えかねた舵子二人が脱走し、舟を漕いで広島まで行き、助けを求めて警察署に駆け込んだ。これをマスコミが大々的に報道し、占領軍や監督官庁も動き出すなどして全国的に大きな社会問題となった。

この経緯はまた映画にもなり、「怒りの孤島」という題で全国的に上映され、話題となった。私も山口市の小学校に在籍中、学校の授業の一環として学年全員で映画館に観《み》に行った記憶がある。柱島の小学生だった中森は、観たことがないと言った。

加藤は、情島の舵子の問題と映画化について中森に話したあと、こう言った。

「この情島がある東和町《とうわちょう》出身で民俗学者として有名な宮本常一《つねいち》は、この件については全く触れていない。そのことが問題なのだ」

宮本は「旅する巨人」とも言われ、日本全国、津々浦々の失われゆく民俗や習俗を紹介し、その頃すでに偉大な民俗学者としての地位を築いていた。彼は日本各地に残る封建的な酷《ひど》い現実も描写しているが、この現代の日本残酷物語の頂点とも言うべき故郷《ふるさと》の情島の現実には目をつむっている。

「都合の悪いことには目をつむり、体裁を整えて世間的に見映えのよい内容の本を作ることが彼らのやり方なのだ」

情島を指呼《しこ》の間《かん》に望む柱島育ちの中森は、加藤の言葉にショックを受けた。

優秀な男

加藤は勉強をあまりしなかったが、成績は良かった。当時の岩国高校では、模擬テストの結果を古ぼけた木造校舎の間の渡り廊下の掲示板に張り出していたが、彼は常にトップグループにいた。

勉強をするわりには一向に成績が伸びない私に対して、加藤は「英語というものは教科書をじっくりやればすぐわかるよ。中学校の時の教科書をもう一度初めから復習すればよい」とアドバイスした。これは勉強の本質を知った者だから言える言葉であって、中途半端な能力しか持ち合わせていない者には、ピンとこないアドバイスであった。

夏休みに入ると、西岩国地区に住んでいる三年の生徒たちは、午後は錦川で水泳をするのを日課としていた。錦帯橋の少し上流の辺りで錦川が蛇行し、横山側に広い砂洲を作っている鳴子岩《なるこいわ》と呼ばれるところがあった。砂洲の向こう側は深い淵となって淀んでおり、その中に亀のような岩が突き出ていた。私も級友たちと泳ぎに興じていた。

そこへ、伊藤が加藤を伴って泳ぎに来た。伊藤は身長が一八五センチを超え、陸上競技部に在籍していたので見るからにたくましかったが、加藤は身長こそ一七五センチくらいあったものの痩せており、あばら骨が浮かび上がるくらいで、はたから見ても健康は大丈夫かなと思うくらいであった。級友たちは人数が増えて盛り上がり、団子岩から飛び込んだり、ボートに乗ったりして夏休みを楽しんだ。

受験勉強をほとんどしなかった加藤だが、二学期に入るとさすがに翌年の受験を意識しはじめるようになり、同じD組の私と柔道部に入っていた松下に、「一緒に勉強をしないか」と持ちかけてきた。学力に自信のない私は難しいことを聞かれたら困ると思い、断わったが、一緒に市立図書館で勉強をした松下は、「加藤にはすごい集中力がある」と漏らしていた。加藤との勉強の成果かどうか、松下はその秋の旺文社の全国模試で全国順位が五十番以内となり、のちに京大理学部に合格した。

秋も深まったある日、担任の隼田が中森を呼んで言った。

「加藤がどうも家出をしたらしい。お姉さんから連絡があった。警察には捜索願を出しているが、君が日頃から特に親しくしているから探してきてほしい」

しかし、中森が動くまでもなく、九州のある国鉄の駅から高校生を保護しているという連絡が入った。操車場に入った貨車の中から眠っていた加藤が発見されたというのだ。貨物列車に乗り込んで寝ていたところそのまま眠りこけてしまい、九州のとある駅まで運ばれてしまったらしい。なぜ加藤が貨物列車に乗り込んだのかは本人も言おうとせず、結局わからないままであった。

硬軟自在の性格

理知的でストイックな雰囲気を漂わせる一方で、加藤は気さくな、明るい面も見せた。岩国高校は旧制中学と旧制高女を前身校にしているため、前述したように男女は別クラスであった。そのため、日頃から男子生徒は女子生徒に対して遠慮しがちであった。しかし加藤は、面識のない、きれいな女子生徒に対しても何ら臆することなく「こんにちは」

と話しかけていくので、級友たちはびっくりした。相手の心の中にパッと飛び込んでいくことができる性格は生まれつきのものであろう。夏の高校野球の地区予選の時に、おとなしい応援席の中で一人大声を張り上げて相手チームを野次《やじ》っていたのも加藤であった。

加藤は話し方が非常にやさしく、相手の話をよく聞いたので、相手からすぐに好感を持たれた。また自ら自分の意見を言うことは少なかったが、これと思った時には自分の意見をハッキリと強く言った。相手の心の機微をつき、相手の心の中にスッと入る抜群の能力を持っていた。

彼が冗談を言うとその場の雰囲気が和《なご》み、まわりに自然と人の輪ができてくる――加藤はそういった、まことに魅力的な男であった。しかし一面では、他人には決して理解できないような寂しさも持ちあわせていた。ある時、中学の同級生だった数人が県北の山への登山計画の話をしていた時、それを実にうらやましそうに見ていた加藤の顔つきは印象的であった。四歳年上で編入してきた彼には、中学の同級生がいなかったからであろう。

加藤はさらに、その場の雰囲気を敏感に察知し、瞬時に適切な行動をとる能力にも長《た》けていた。

三年D組には、加藤のほかに大川というもう一人の〝大人〟がいた。大川は病気で留年して三年をやり直していた。背が高く、色白で目が細く、お公家さんのような雰囲気を持った物静かな男で、口数も少なくおとなしかったので、級友たちもどちらかというと敬遠していた。

事件は現代国語の授業の時に起こった。教師の好村《よしむら》は、大学を出ずに検定で高校教師の資格を取った苦学力行《くがくりっこう》の人で、日教組の県幹部として組合活動で生きてきた。好村は時々授業を脱線して、組合での自慢話をすることがあった。

その日もまたその話になった。「民社党（一九六〇～一九九四年に存在した社会民主主義政党）代議士の受田君は自分が組合の執行部にいた頃、面倒をみた仲だ」などと話が次第に佳境に入ってきた。生徒たちは、やれやれまたかと思いはじめた。

話が核心部に入ろうとするその時であった。

「先生、もうやめましょう」

突然、大川が発言したのだ。ふだん自分から発言することがめったにない彼が、あろうことか教師を諫《いさ》める言葉を発したので、級友たちは仰天した。

教師の好村はムッとして気色ばみ、やおら何か言おうとした。教室に緊張が走った。と、その時、間髪《かんはつ》を容《い》れず加藤が口を開いた。

「先生、このあとの昼休みの時間にぜひ続きを聞かせてください」

皆はホッとして、その場は事無《ことな》きを得た。

ともだち

ある時、加藤が私に「川本と俺は友達だよなあ」と言った。

私は彼のことを特別に友達だと思ったことはなかったので、エッという感じであった。放課後や休日に彼と遊んだり行動を共にしたりしていたのは、姉の磯野恭子の住まいのある麻里布地区から通ってくる連中や、柔道部の連中だった。

ただ、クラス委員であった私は、常に加藤を気にかけていた。私が彼に心情的に同情していたのは、自分と似た境遇だと感じたからである。

私は警察官という父の職業柄、小学校で二回、中学校で一回、転校を経験していた。当時は、警察官は地域との癒着を防ぐため、特に幹部になると三年に一度は転勤させられた。また、家族帯同が求められてもいた。

転入した新しい学校では常に、周囲に馴れるまでのしばらくの間は「よそ者」だった。

教科書もがらりと変わるし、気が合う親しい同級生が見つかるまでは、図書館で一人で本を読んでいたものである。また、せっかく友人らしい人間ができても、数年もすればまた転校となり、親しい同級生とも別れなければならなかった。このため、私は友達というものを絶対的なものとせずに、一時期の知り合い程度にしか考えていなかったのだ。

私がふだん加藤に対して行なっていたのは、授業の進行具合の説明であった。

彼は、高校三年の夏頃まで修道高校にいたので、岩国高校での授業内容はそんなに気にしなくてよかったのだ。修道では、高校二年までに高校三年間に習う内容を終え、三年の時には大学入試に即した入試用問題を解くことに専念させる教育方針だった。したがって岩国高校では、最低限卒業に必要な出席日数を確保しさえすればよかったのである。

そんなことから、彼は時々、無断欠席することがあった。私はその都度、教科書をもとに授業の進み具合を丁寧に彼に教えた。彼もそれによって安心感を得たようだった。

私は加藤と話す時は、常に彼は年上であり、優秀な人間であるということを念頭に置いて話すようにしていた。この点が、彼と遊びでつながっていた柔道部員や商店街の子弟たちとは違っていた。私は、自分より頭の良い人間に対しては尊敬の念を抱いていたし、それは彼にも伝わっていたように思う。

課外のクラブ活動では、私は英語クラブに入っていた。このクラブは、西崎という英語が話せる数少ない教師と、津田塾大を出たばかりの若い女性教師が指導していた。西崎は広島大出身だったが、学生時代に米軍岩国基地にアルバイトとして入り込んで英会話を習得し、外国語は会話でコミュニケーションをとることが一番大事、という今ではあたりまえのことを持論としていた。

もともと、同じクラスの伊藤が英語クラブに入らないかと私と加藤に勧めに来たのが発端であった。私は英会話には興味がなかったが、受験勉強に役立つかもしれないという功利的な理由から入ったのだ。以前にも、受験勉強に役立つかもしれないと数学クラブに入ったことがあった。これは大失敗で、東大や京大に進み、のちに大学教授にもなった一年先輩たちが、問題のいろいろな解き方を説明しながら数学の奥深さを楽しむというクラブであった。私にはとても立ち向かうことができず、早々に退散した。

加藤も伊藤につられて英語クラブに入り、進学クラスの女子二人と計五人で西崎の指導を受けた。週一回程度、西崎が配った英語の本を読みながら、英語の世界の勉強らしきことをするというものだった。

クラブ活動の開催日時、教室の選定などは私が世話役となって行なったが、珍しいことに加藤は一度も欠席しなかった。日頃の授業はしばしば欠席するのに、英語クラブだけは欠席しない――それは、私に気を遣ってのことだということがよくわかった。

山口放送に勤めていた姉の磯野恭子が、夏の高校野球の応援活動について岩国高校に取材に来たことがあった。彼女はもう一人、若い女性アナウンサーを連れてきたが、インタビューはほとんど自分が行ない、しかもその相手はほとんど私だけであった。これも、加藤の配慮があったからだと思われる。

恭子は、髪を長くしていたが野性的で精悍な姿・顔立ちをしており、「闘う女」という雰囲気を持っていた。加藤によれば、会社で組合運動をしているとのことだった。そんな彼女のことを、同級生の一人は「ゲバルト・ローザだ」と言った。当時は、先頭に立って体制批判などをする女性のことを、ドイツ共産党の女性革命家だったローザ・ルクセンブルクになぞらえて「ゲバルト・ローザ」と呼ぶことが流行《はや》っていた。

ある時、父が私に「お前のクラスに加藤君というのがいるか」と訊《き》いた。私は「いるけど、どうかしたの?」と訊き返したが、父は何も答えなかった。父は当時岩国署にいたので、彼が何かしでかしたのかと気になった。しかし、翌日、加藤に会って話をすることがあっても、私はそのことには一切触れなかった。

　このように、私は加藤に対して、個人的な問題に踏み込むことはなく、遠くから見守るような形でフォローしていた。それを感じ取ったので、加藤は私に信頼感を持ったのかもしれない。

　それともう一つ、私と加藤は似ているところがあった。それは、現実を比較的クールに見る傾向があったということである。私は前述したように小学校、中学校と転校を繰り返していたので、その土地にとっては当初は「よそ者」であり、部外者だった。このため、学校生活も客観的に見る傾向があった。いわば第三者であり、傍観者であった。

　自分ではそのつもりでなくても、三年Ｄ組の担任の隼田から「君は自分たちのことであるのに〝他人事《ひとごと》〟のように言う傾向がある」と言われたことがある。それは決して褒《ほ》められたことではなかったのだ。加藤も年上の転校者ということからその傾向が自然と身についていたので、お互い心の深いところで理解し合っていたのかもしれない。

卒業

　やがて卒業の日がやってきた。

卒業式のあと、加藤は三年D組の教室の前で、私に「何ももらわなかったな」と言った。この一言は、まさに加藤が私をじっと見ていたことの表われだった。

卒業式では、多くの生徒が優秀賞や皆勤賞、またクラブ活動や生徒会活動やスポーツなどの功労賞を授与されたが、クラス委員をやっていた私の名前はなかった。最低でも皆勤賞の対象にはなっていたのに、それすらなかった。学校側の施策に注文をつけることの多かった私は、学校当局から見ると「いい子」ではなかったのだ。

続けて加藤は、私に手を差し出し、「いろいろありがとう。俺は三笠喫茶の上に下宿しているから、いつでも来てくれ」と言って握手をした。

加藤は、卒業アルバムの寄せ書きにも「ありがとう」と書いた。

昭和三十九年（一九六四年）の大学入試が終わった。国立大学の合格者は新聞の地方欄に掲載されていたが、岩国高校は、東大がゼロ、京大が四名、国立一期校は現役で二十名程度と極端な不振であった。三年D組では松下が京大理学部、九大工学部が一人、私は広島大政経学部に合格した。

加藤は一橋大を受けるという話だったが、合格はしていなかった。本当に受験したのかそれとも受験しなかったのか、真偽は不明だが、とにかく意外だった。結局、スベリドメに受験して合格した早大商学部に加藤は進むことになった。

この頃の受験事情を少し述べておくと、地方の受験生で早慶など東京の私大へ進む者は現在ほど多くはなかった。

その理由の一つは私大の学費の高さであった。当時の国立大学の入学金と授業料を合わせた初年度納付金は一万三五〇〇円だったが、私立大学平均の入学金、施設・設備費、授業料を合わせた初年度納付金は一四万八〇〇〇円と、十倍以上の開きがあった。

理由の二つ目は併願校であった。当時は国立大学は一期校と二期校に分かれ、受験の機会が二度あった。一期校は旧帝大、旧商大を中心に旧制大学を母体にした大学であり、二期校は旧高商、旧高工等専門学校を母体にした大学であった。そこで大部分の受験生は国立一期校のスベリドメに国立二期校を受験することとなり、早慶など私立大学をスベリドメにすることとは、受験科目が違うこともあって必ずしも効率的ではなかった。

理由の三つ目は交通の便であった。昭和三十九年に東海道新幹線が開通するまでは、東京は遠い存在だった。寝台特急でまる一日かけて上京する必要があり、この点で、東京の高校生とは環境も条件も大きく異なっていた。地方からの学生は下宿代もかかり、東京の私立に行くということはまさに〝遊学〟だったのだ。

これらの理由により、地方の学力上位の受験生は、早慶など東京の私大に特別の思い入れがない以上、敢えて受験する者は少なかった。

当時の旺文社などの大学受験雑誌に出ている大学入学難易度を見てみると、国立一期校上位校と並ぶ難易度を示していたのは、唯一、受験科目に数学を課していた慶大経済学部だけで、早慶でもほかの学部は、国立一期校の下位校および国立二期校の上位校と並ぶ程度であった。受験科目に数学や理科がないということは、受験生の学力レベルの分断にとって決定的なことであった。

そういうわけで、加藤にとっても早大は楽勝だったのだ。

さて、話を元に戻すことにしよう。

加藤は、同じく早大に合格した伊藤の漕ぐ自転車の荷台に乗り、陽光の横山の武家屋敷の間を、ふざけてジグザグに走って行く。その後ろ姿には、解放感が溢れていた。加藤にとって岩国の一年間は、高校の卒業証書を手に入れ、東京の大学に進むという人生の重要な通過点であり、精神的にも肉体的にも癒やされた時期であった。

第三章　兜町の風雲児

勉強とアルバイト

早大商学部に入学した加藤は、フランス語の授業の時に教師が明かしたことから、初めて自分がトップで合格したという事実を知った。そこで加藤は、卒業もトップでしようと思った。一番なら四年のハンディも何とかなるのではないか、と考えたからで、授業にはそれなりに真面目に出席することにした。

しかし、最も時間を割いたのはアルバイトである。資産家だった父が株で失敗し、経済的に苦しかったために、学費は、放送局に勤める姉が出してくれていた。とはいえ、生活費は自分で何とかしなければならない。奨学金だけではとても足りないので、必然的に自分で稼ぎ出すしかなかった。

東京にはいろいろなアルバイトがあったが、彼に最も合ったのは新宿のマンモスバーのバーテンだった。ここでは、真面目な勤務ぶりと人当たりの良い明るい性格で、客にもアルバイト仲間にも人気があった。

大学のクラスでも、その温厚で嫌味のない性格と、どことなく人を引きつける魅力のおかげで、友人たちから「加藤、加藤」と信頼された。

しばらくぶりに西岩国の料亭で開かれた学年同窓会に、加藤が同じ早大生の伊藤と出席した時のこと。彼はある女性を評して、「立てば芍薬《しゃくやく》、座れば牡丹《ぼたん》、歩く姿は百合《ゆり》の花」と囃《はや》して座を盛り上げた。また自己紹介、近況報告の時には、「僕はいろんな職業を経験して人生修行をしようと思っています。まず最初は、タクシーの運転手をやるつもりです」と言って座を沸かせた。

東京都内で高校時代の同級生たちと待ち合わせをした時は、加藤が黒のコートを着てタレントのように颯爽《さっそう》とした姿で現われたので、一同びっくりした。またある時は、顔じゅう傷だらけで現われたので、どうしたのかと訊《き》くと、「免許を取って、さっそく正面衝突をさせていただきました」と言ったので、これまた一同あぜんとした。このように加藤には、昔から奇想天外、破天荒な一面があった。

勉強のほうは、加藤のことだからそつなく授業に出席し、単位を取ったことだろう。成績はほぼ全優で卒業時もトップクラスであったという。

森戸先生

さて、加藤は結核療養所にいた頃から人生や自分の生き方に悩み、魂の彷徨を繰り返してきたが、大学に入り、ある程度の心の余裕ができた頃、その後の彼の人生観に大きな影響を与える講演を聞くことになった。

加藤が学生時代を過ごした一九六〇年代は、学生運動が活発な時代であった。既存の共産党系の民青（日本民主青年同盟）とは違ういわゆる「新左翼」と呼ばれる新しい学生運動の形態が現われ、中核派、革マル派、反帝学評などの分派が生まれて、全国の大学で大学当局と対決していた。

加藤の在籍していた早大でも、授業料値上げ問題を発端に学生運動が盛り上がり、構内にバリケードが作られて授業も満足にできないような状態であった。加藤は、心情的には学生側の行動もある程度理解できたが、彼らと一緒に行動する気にはなれず、デモ参加をしつこく誘ってくる級友には「イデオロギーを前提にした、大衆から遊離した学生運動には興味がない」と言って断わっていた。

ある時、神田の古書店街をぶらぶら歩いていると、「森戸辰男氏講演会」の看板が目に入った。森戸辰男の名は、姉が広島大の学生の頃、よく「森戸先生」と口にすることがあったので、以前から知っていた。同じ広島県人であるし、講演会場はすぐ近くの共立講堂である。彼はふらりと入ってみることにした。

森戸辰男は戦前、東大助教授の時に政府の言論統制によってその職を追われ（いわゆる森戸事件）、戦後、公職復帰して社会党から国会議員となり、文部大臣にも就任した。その後、請われて広島大学学長を務め、当時は日本育英会会長で、政府の中央教育審議会の会長も務めていた。

共立講堂の講演で、森戸は穏やかだが、はっきりした口調でこう話した。

「先日、私は、以前学長をやっていた広島大学に呼ばれ、教育学部の大講義室で学生諸君を前に話した。今日皆さんにお話しするのもそれと同じ内容であるが、しばらくぶりに訪れた広島大学は、学生運動のおかげでずいぶん荒れ果てていた。現在の我が国のほとんどの大学にはイデオロギーの嵐が吹き荒れ、世間一般も、マスコミをはじめとしてイデオロギーに毒されている。地球規模で見ても、資本主義国家対社会主義国家に色分けされ、あたかも社会主義体制が理想の体制だといわんばかりだ。しかし私は、マルクス主義、さらには社会主義体制は一過性のものであり、早晩消滅すると思う。

私は最近、インドを手始めに中東の地域をまわってきた。そこで物事を見、人と話し、考えた結果、人間にとっては民族や宗教が根本的な問題で、イデオロギーは二の次だということがわかった。インドは混沌としていて、イデオロギー以前の問題だ。民族や宗教の問題は根本的で、複雑で、未解決のために、将来は民族や宗教を中心にして世界が再編成されていくであろう。その時は、たかだか数十年の歴史しか持たない促成の社会主義体制は崩壊していくだろう」

およそこうした内容の森戸の講演を聞いて、加藤は我が意を得たりと思った。

数千年の昔から、人間の喜怒哀楽の情は変わっていないのだ。人間は嬉しい時には喜び、悲しい時には泣き、おかしい時には笑い、不正に対しては怒るのだ。人間の気持ち、心というものは、いくら科学技術が進歩して人が月に行くような時代になったとしても、変わらないのだ。万葉人の心持ちに感動し、ギリシャ神話や三国志演義に心躍らせるというのも、まさにこれを証明している。自分も生き方に悩み、哲学や宗教に強く関心を持ってきたが、自分の考え方は間違っていなかったのだ——。

これ以降、加藤には、キャンパスの内外で繰り拡げられている学生運動は子供の遊びくらいにしか思えなくなり、以前にも増して、自分が興味を持った科目の勉強とアルバイトに精を出すようになった。

空手とギャンブル

サークル活動については、加藤は空手部に所属した。高校時代に柔道部の連中と仲が良かったことや、ひょろっとした体型で体力に自信がなかったことなどから、体を鍛えたいという強い思いが生まれ、格闘技サークルへの入部を促した。

伊豆の神津島《こうづしま》での合宿では、下級生の部員たちが上半身裸で仰向けになって砂浜に一列に横たわり、その胸や腹の上を、上級生部員が「ホイ、ホイ、ホイ」と言いながら踏みつけていくという練習を味わった。また、沖縄出身の腕自慢の下級生部員がいたが、彼に上級生部員が〝指導〟をして、上級生の指が下級生のほおを貫くという光景も見た。これには加藤もショックを受けたのか、同級生に「彼は生意気だと思われたからやられたんだよなあ」と語ったらしい。

加藤は、社会に出てからも名刺に趣味「空手、囲碁」と刷っていたほどで、空手には強い思い入れがあった。その背景には、精神的のみならず肉体的にも強い人間になりたいという強い欲求があった。

彼は、高校時代に療養所でニーチェの著作を読み、「超人」に興味を持った。大学に入ると精神的な余裕も出てきて再びニーチェをひもとくと、再び「超人」に惹《ひ》かれ、自分自身が超人のような存在になりたいと思った。原爆、水害、結核といった危機を乗り越え、ここまで来た。自分こそ超人になる資格があるのではないか。それには、精神はともかく肉体的にも強くなければならない。まず強靱な肉体を作ることが先決だ。それには趣味と実益を兼ね備えた格闘技が最適だ、という考えである。

一方、アルバイトで稼いだ金は、生活費以外はギャンブルに使った。高校時代から競艇には興味を示していたが、パチンコ、麻雀には関心がなかった。加藤によれば、その理由はこういうことだ。

「パチンコ、麻雀は健康上も悪く、自分が動いて拘束時間も長いわりには、動く金額が少ない。これに対して、競馬、競輪、競艇は戸外でわりあい健康的であり、多くの観客が参加し、動く金額も莫大なものになる」

このため、大学に入ると、もっぱら競馬、競輪、競艇と戸外のものに通った。なかでも競艇が最も合うようで、週末にはストップウォッチ持参で真剣にレースを分析していた。彼によると、競艇が最も予測データが少なくて済むということであった。

彼が高校時代からギャンブルの道に足を踏み入れた理由は、息抜きと勝った時の爽快感であろう。レース中はすべてを忘れて没頭できるし、的中した時の高揚感は何物にも替え難い。父親が株で大損をし破産して、経済的に苦しい生活を強《し》いられたためお金に執着したとか、結核療養による四年の遅れを取り戻したいという潜在意識からくる一発逆転の可能性に惹かれたとか、そういったマイナスの動機ではなかった。

加藤にはもともと博才《ばくさい》があったのだろう。こつこつ働いて金を貯めるよりは、状勢を冷静に分析して一度に大金を獲得するやり方のほうが、性に合っていた。また事実、そこそこの実績を挙げて、まさに趣味と実益を両立させていた。

証券業界へ

やがて就職の時がやってきた。ここで加藤は、またも大きな挫折を味わうことになる。

時は高度経済成長の真っただ中、大卒にとっては売手市場であった。早大でトップクラスの成績を取った加藤にとっては、楽勝のはずであった。しかし彼は、一流企業からことごとく門戸を閉ざされた。当時は、一流企業で許容されるのはせいぜい二浪までだったのである。四年遅れという年齢的なハンディは決定的であった。

成績さえ良ければどこにでも入れると思っていた加藤は、うかつと言えばうかつであった。ここで彼は、一流企業に対して敵愾心《てきがいしん》を抱きはじめることになる。

実力だけで勝負するなら誰にも負けない自信があった加藤は、徒手空拳でのし上がれる証券業界に進むことにした。父親の失敗があったので、家では株の話はタブーであった。姉の恭子も、当然反対した。しかし加藤は、その株の世界に敢えて入って行くという逆張りの行動に出たのである。

当時は、同じ金融機関といえども、銀行、保険、証券の間には社会的評価に大きな差があった。銀行に就職するには、都市銀行だけでなく地方銀行でも家がしっかりしていることが求められる。このため銀行員は、社会的地位が比較的高かった。保険会社は、損害保険はまだしも生命保険の会社となれば、特に営業関係を中心に「保険のおばちゃん」と言って生保外交員を蔑視する風潮があり、評価が必ずしも高くはなかった。

証券会社に至っては「株屋」というイメージでひとくくりにされ、一発儲《もう》けることを夢見る、山っ気のある人間の集まりぐらいにしか思われていなかった。昭和四十三年（一九六八年）に証券業が免許制に移行してから少しはイメージが向上したものの、文系の就職先としては依然低位のレベルであり、不況の時以外は一流の国立大出身者が入社することは珍しかった。

昭和四十三年四月、加藤は業界中堅の岡三《おかさん》証券に入社した。研修中の成績は五十三人中トップで、エリートコースとされる虎ノ門支店に配属された。しかし、管理営業の体質が肌に合わないのか支店長代理と喧嘩をし、わずか半年で退職した。

この頃、彼はまだガリガリに痩《や》せた体型で、高校時代の友人たちに「五百万円くらい貯めてのんびり喫茶店でもやりたい」と弱音を漏らしていた。

加藤が次に進んだのは水商売であった。学生時代にマンモスバーでアルバイトをして接客に自信を持っていた彼は、大衆キャバレーチェーン「クインビー」に入社する。ここは東京都内に数多くの店舗を展開するチェーン店で、新宿、池袋、上野、御徒町《おかちまち》、新橋、渋谷など、あちこちの盛り場の一等地に派手な看板をかかげて営業し、サラリーマンに人気があった。

新宿中央口店のボーイになった加藤は、呼び込みから便所掃除までやったが、その熱心な仕事ぶりと明るい性格からたちまち職場の人気者となり、皆から「加藤ちゃん、加藤ちゃん」と呼ばれて頼りにされた。ストイックな性格のためホステスとのトラブルもなく、ほかの同僚たちが安月給と仕事の厳しさを理由に次々と辞めていくなかで黙々と働いているうちに、半年、一年と経っていた。そして気がつくと、いつのまにか支配人の相談役のような立場になっていた。

加藤の指摘は的を射たし、しかも他人の悪口を言わないため、支配人はすっかり彼を信用し、その意見を積極的に採用するようになった。店の業績は少しずつ上向き、その噂は本部にも伝わってきた。「クインビー」を経営する根本観光の社長は、彼を一目見るなり気に入って、池袋の場末の赤字店の支配人に昇格させた。

加藤はわずか半年で業績を立て直し、赤字店を黒字店に転換させた。社長はますます彼を気に入り、重役として会社全体の経営に参画するよう要請した。しかし、加藤はもともと水商売を一生の仕事にする気はなく、人生修行の一つと考えていたので深入りする気はなかった。また当時、この業界が曲がり角に来ているとも感じていた。

業界では、チェーン店最大の「ハリウッド」グループを率いる福富太郎が有名であったが、ここにきてホステスの肉弾攻撃で有名になった「ロンドン」が都内の盛り場で「クインビー」と競合するように店舗を展開し、強力な競争相手になってきた。加藤は「潮時だ」と思い、根本観光を辞めた。

彼は、社会人となってからの人生設計を三分割で考えていた。最初の十年は体験期で、いろいろな職業を経験して自分に適した職業を探すとともに、各職業の本質を理解し、社会の仕組みをつかむ。次の十年は、自分に適した職業に従事し、仕事の本質に迫るとともに勝負をかけて実績を挙げる。最後の十年は、大勝負で得た資金を安定的に運用する体制を作り、老後の準備をする。そして六十近くになると、瀬戸内海のどこかに小さな島を買い、被爆者たちを集めて自給自足の楽園を作る。

当時、鈴木という腕利きの株のセールスマンが業界で脚光を浴びていたが、加藤は高校時代の友人に、「自分もああいうふうになりたい」と言っていた。株に対する思いは捨て切れなかったようである。

決意

次に加藤が入ったのは、日本経営開発研究所というコンサルタント会社であった。

高校時代の友人の松下と弘兼は、この経営コンサルタントを標榜《ひょうぼう》する会社によく遊びに行った。そこで二人は、加藤の頼みに応じて、大きな模造紙に経営のフローチャートを図示する仕事を手伝った。定規で線を次々に引いて完成させていくという、いわば肉体労働である。加藤はというと、弁が立つということで、中小企業の社長たちを集めた経営講習会で、講師としてしゃべっていた。

もちろん加藤は、この程度では満足しなかった。株を動かせる仕事を探して、娯楽機械販売会社「ジャパンリース」に入社する。このことが、彼のその後の株人生に大きな影響を与えることになった。

まもなく加藤は、自分を信用してくれた社長から、当初は数百万円単位で株の運用を任せられるようになり、大きく儲けさせていった。その実績と人柄を気に入った社長は、「失敗してもいい、お前の好きなように思いきりやってみろ」と言って加藤を社長室長にし、自分の資金運用を全面的に任せるようになり、元高は一億円になった。加藤も改めて金《かね》の魔力を認識し、松下や弘兼に「金も一億円を超えると権力になるんだ」と言った。

ところが、この社長が殺人事件を起こし、逮捕されてしまった。加藤は事件とは全く無関係であったが、会社を辞めることになった。

しばらくはひっそりと自重していたが、株の運用に確固たる自信を持った加藤は、この世界で生きていくことを決意し、木徳《きどく》証券（のちの黒川木徳証券）の歩合外務員として兜町《かぶとちょう》に復帰することになった。時は昭和四十八年（一九七三年）、岡三証券を退職してから五年の歳月が経っていた。

加藤は心機一転、再出発するために、それまで住んでいた北千住のぼろアパートの部屋を松下に引き継ぎ、池袋のアパートに移ることにした。当時、松下は京大理学部の学生だったが、いろいろなことに悩むうちに学業を続ける意味を見出せないまま留年を重ね、上京して都内にある缶詰業界の業界紙の記者として働いていた。

加藤は別れぎわ、松下にこう言った。

「人間は偉そうなことを言ったって、しょせん欲望の生き物だ。最終的には個々人の欲望が社会を動かしていく。権力を握るのに手っ取り早いのは、金を持つことだ。自分はこれから金儲けのために修羅《しゅら》の道を歩むつもりだ」

日頃から冗談を言い、ひょうきんな行動をとっていた明るい性格の加藤が、急に打って変わって真面目な顔で決意を述べるのを聞いて、松下は、加藤にきっと何かがあったのだと思ったという。

この日を最後に、松下はずっと加藤と顔を合わせることはなかった。次に顔を合わせるのは実に三十七年後のことであった。

別れてから数年後、松下は、新聞の夕刊に、都内の喫茶店に一六〇〇万円の落とし物があったと出ているのを見た。彼は直感的に「加藤だ」と思った。加藤は頭の良さにもかかわらず、時たまどこか抜けたことをやる、おっちょこちょいのところがあった。

さらにその後、新聞の高額所得者名簿に加藤の名前を見つけた松下は、加藤が別れぎわに言った言葉を改めて思い出すことになった。

天下泰平

掘割で囲まれていたため「シマ（島）」と呼ばれ、独特の雰囲気を持っている兜町の水が、やはり加藤には合った。

とはいっても、最初の二、三年はそれほどの実績は挙げなかった。

昭和五十年（一九七五年）に、客が大損をさせられるという事件が起こった。日興證券の担当者と協力して日産農林の株を買いまくり、人気株に仕立てあげようとしたものの、この担当者に裏切られ、勝手に売られてしまったのである。

この時の加藤の怒り方は尋常ではなかった。

「大手証券の連中は信用できない。いつか必ず復讐してやる」

当時から加藤の友人兼自称ボディガードであった八谷《やたがや》が、こう述懐している。彼もまた高校の同級生で、上京して以来、特に親しく付き合うようになっていた。

この件により、加藤は四大証券に対して激しい怒りと対抗心を持つに至り、これをバネに猛烈な営業活動に突き進んでいくことになった。昭和五十一年（一九七六年）三月、銀座一丁目のスポニチ銀座ビル六階に個人事務所を開設し、六月、「ダイヤル・インベストメント・クラブ」という投資コンサルタント会社を設立した。さらに彼は、大学時代の同級生数人に勧めて「㈱日本橋ダラー」を設立させ、グループの一角にした。

加藤の株式売買の手法は、おおむね次のようなものだった。

資本金が一五億円ないし三〇億円程度で発展の余地のある中小規模の会社の銘柄で、かつ株価が二〇〇円ないし三〇〇円程度の低位で値動きの少ない株式のなかから、特定の銘柄を選定する。そして、市場に出まわっている浮動株を自分が管理する資金を使ってできるだけ安値で極秘裡に買い集め、品薄状態にして株価を上昇させ、高値で売る――。

彼はこのための資金を調達するため、趣旨に賛同して資金を出す顧客を獲得することに全力を挙げた。その手段としては、仮名口座の開設・運用や加藤が用意した黒川木徳証券およびその他の証券会社の口座の利用、株式の管理、受渡事務も加藤事務所で行なうなどの便宜供与を図った。

兜町に戻った加藤は、心の中には株で儲けて男を上げたいという気持ちを抱き、他人には、将来は故郷の瀬戸内の島に被爆者が自給自足で暮らせる原爆病院を備えた理想郷を作るのだという夢を語っていた。これが本音か、あるいは被爆者という立場を最大限に利用したイメージ戦略かはよくわからなかった。

ともあれ、ハングリーで反骨精神旺盛な加藤は、兜町でもめきめきと頭角を現わし、特にその説得力ある弁舌と明晰な頭脳、常識を突き抜けた破天荒な行動力で、次々と顧客の輪を拡大し、人脈を拡げていった。

彼の人間的な魅力も、人脈を拡げるのに大いに役立った。友人を介してある総会屋と知り合い、その総会屋を通して、総会屋の出入りしている会社の経営者を紹介してもらい、その経営者から政治家を紹介してもらうというやり方である。

ある日、加藤は友人の証券マンと、平和島にある競艇場の特別観覧席に来ていた。その友人からある総会屋を紹介してもらうためである。

同席していた八谷が、その時の様子を次のように語っている。彼は学生時代からの加藤の競艇仲間でもあり、加藤が平和島に行く時はたいてい付き添っていた。

現われた総会屋なる人物は、痩せてはいたものの目付きは鋭く、独特な雰囲気を持っていた。彼は加藤に訊いた。

「どれが勝つと思う?」

加藤は答えた。

「二号艇です」

先ほど目をつむって意識を統一していると、二号艇がぶっちぎりでゴールする様子がスローモーション映画のように脳裏に浮かんだのだ。

結果は、加藤の言ったとおり二号艇の圧勝だった。

「さすがだな、加藤さん」

総会屋はそう言い、「今後ともよろしくお願いします」と言う加藤にこう付け加えた。

「株の世界で生き抜くためには力が必要だ。それには政治家や裏の勢力とも付き合わねばならない。手始めに自分が出入りしている会社の社長を紹介しよう」

やがて、加藤と会うようになった経営者や政治家たちは、加藤から二枚折りの大きな名刺をもらうことになった。それには、

生年月日：昭和十八年八月二十四日

出身地：広島県佐伯《さえき》郡

出身校：早稲田大学第一商学部

趣味：囲碁、空手

生活信条：天下泰平

と書かれていた。生年月日は本来は昭和十六年であるが、結核療養の話に及ばないように意図的に変えたと思われる。

彼らは一様に、「私に任せてください。必ず儲けさせます」という加藤の言葉に引き込まれ、「面白い男だ」「まあ少しくらい損をしてもよい。任せてみるか」という気持ちで顧客になっていった。実際、加藤は彼らを儲けさせたし、対応も真摯《しんし》で、決して裏切るようなことはしなかった。こうして加藤は顧客の信頼を獲得し、それらの顧客からさらに別の顧客を紹介してもらうというふうにして、顧客の輪を次々に拡げていった。

側近の八谷は、この頃に加藤に儲けさせてもらった顧客の一人が、こう言って褒《ほ》めたた

えていたのを記憶している。

「加藤君はすばらしい。百年に一人の人間だ」

戦いと救済

加藤は株の世界で戦って生きていくうえで、常に自らを鼓舞し、精神を統一・集中させる必要があった。そのために、古今東西の名言を利用した。文学、哲学、宗教に造詣《ぞうけい》の深い彼なりのやり方ではあった。

変わったところでは、ドイツの十九世紀の法哲学者イェーリングの『権利のための闘争(Der Kampf ums Recht)』の一節も愛用した。それは「法律の目的は平和であり、これに達する手段は闘争である。」「闘争の中に汝は汝の権利を見出さなければならない。」(日沖憲郎訳／岩波文庫／昭和六年)というもので、これを加藤は、「目的は何であれ、それを達成するためには戦わねばならない」と解釈したのだ。

また、和辻哲郎の『偶像再興』の中の一節を、大きな模造紙にマジックで書いて事務所の壁に貼っていた。「苦患《くげん》は戦いの徴候である。歓喜は勝利の凱歌である。生は不断の戦いであるゆえに苦患と離れることができない。勝利は戦って獲られるべき貴い瞬間であるゆえに必ず苦患を予想する。」（「和辻哲郎全集」第十七巻／岩波書店／昭和三十八年）

加藤は勝利を得るための戦いのなかで、和辻の言う「苦患」を強《し》いられることも予想していたのであろう。

和辻はまた、『偶像再興』で次のようにも言っている。「人生は戦いである。そして戦いの大小深浅がまた人間の価値を左右する。」（同）

加藤の事務所を訪れたことのある同級生の弘兼は、「加藤は難しいことや訳のわからないことを言ったりする」と語っていたが、加藤のこのような教養は、勉強家としての膨大な読書量と数多くの修羅場をくぐってきた経験に裏打ちされたものだ。だからこそ、政財界の有力者やインテリをも納得させる、不思議な力の一つになったのだろう。

この点が、かつて兜町を賑わせた、彼以外の仕手師や相場師といわれた人たちと決定的に違うところであった。

日本のドン

加藤はやがて、ヂーゼル機器株の仕手戦で、平和相互銀行会長・小宮山英蔵を巻き込むまでになる。

「会長、心配いりません。すべて私に任せてください。絶対大丈夫です」

そう言う加藤の言葉を黙って聞いていた小宮山は、ついに追加融資に応じた。

「仕方がない。これで終わりだよ」

加藤はのちに、「あの時小宮山会長を説得したのが、一番目の山場だった」と、その場の様子を身ぶり手ぶりを交えて私に話してくれた。彼の話し方はいささか芝居がかった面もあるのだが、非常に説得力があるので、会長説得に加藤を担ぎ出した平和相互の社長や役員たちは、改めて感心したに違いない。

しかし、当時戦後最大といわれたこのヂーゼル機器株の仕手戦は、これで終息するわけではなかった。平和相互も数百億円の資金を投入したが、事態は泥沼の様相を呈し、銀行の経営上の問題となってきた。焦《あせ》る小宮山は事態の収拾を加藤に求め、加藤はついに「日本のドン」と言われる笹川良一に近づくことになった。

笹川は戦前、国粋大衆党の総裁として東条内閣の翼賛選挙で衆院議員となり、戦後はA級戦犯容疑者として巣鴨プリズンに収容された。出所後、全国モーターボート競走会連合会会長となり、日本船舶振興会（のちの日本財団）を設立。その莫大な資金力によって戦後日本の政財界に大きな影響力を持ち、「闇の帝王」「日本のドン」とも呼ばれていた。

一方で笹川は、テレビのコマーシャルに出演して「一日一善、世界は一家、人類皆兄弟」と言い、子供と戯れる姿を茶の間にさらし、日本船舶振興会を通して世界じゅうの発展途上国へ貧困撲滅のための多額の寄付を続けていた。このため、一時ノーベル平和賞の候補に挙げられたと噂されたこともあった。

反共を信条とするところは同じ右翼の児玉誉士夫《よしお》と同じだが、笹川は株、宗教（道教）、慈善事業というように大衆社会に広く関わっていたところに特徴があった。

数々の修羅場をくぐったその男は、初対面の人間に対しても一瞬にしてその能力と性格を見抜くと言われていた。一方で、母親を背負って四国の金刀比羅宮《ことひらぐう》の七八五段の石段を昇ったというエピソードがあるくらい忠孝に篤く、また神仏に対する信仰心も人一倍強かった。もともと信心深かった加藤とは相通ずるものがあったのであろう。

高級料亭の奥座敷に案内された加藤は、膝をついて襖《ふすま》を開けるやいなや、言った。

「先生、助けてください」

笹川は、ぎょろりとした眼で平伏している加藤を見た。

「君は若いのに信仰心が篤いと聞いている。なかなか感心だが、どうして神仏を頼るようになったのかね」

「私は原爆に遭い、その後遺症を恐れるとともに、人生というものについて考えるようになりました」

加藤がそう答えると、笹川は言った。

「人間はしょせん弱いもの、神仏に頼るようになる苦しさを経験し、神仏を敬うという謙虚さが大切だ」

そして座布団を二枚重ねて加藤に勧めると、こう付け加えた。

「相手を思いやる心が大切だ。自分のことを考えずに、相手の立場になって考えること。七〇対三〇の力関係の場合は、こちらから相手に二〇あげて五〇対五〇で話し合うことが大事だ」

加藤は感服し、笹川も加藤を気に入って、お互いに心を許す間柄となったのである。

この時の座布団のエピソードは、その後、処生訓として、松下や弘兼や私が繰り返し聞かされることになった。

ともあれ、こうしてギーゼル機器株を笹川が引き取ることで仕手戦を収拾してもらった加藤は、以後、笹川を人生の師と仰いで忠誠を尽くすことになった。一時は、生まれてきた長男に「良一」という名前をつけることも考えたほどである。笹川もまた、美空ひばりが自宅に来訪した時は、すぐに加藤を呼び寄せるほどであった。

加藤は私に、「自分は島倉千代子だけでなく、美空ひばりにも気に入られた」と自慢し、ひばりが「私の本名も加藤なので奇縁ですね」と言った話を嬉しそうに明かした。

「誠備《せいび》」誕生

加藤は、相場の成功や、笹川の健康と長寿を願って巡礼姿で「四国八十八ヶ所」をまわり、御札をもらって笹川に届けた。そして、笹川が会長をしている慈善事業、精神修養団体の「世界紅卍字会《こうまんじかい》」から「誠備」という信仰上の名前である道名を与えられた。加藤はこれを、自らの投資顧問会社の名前にした。昭和五十二年(一九七七年)末のことである。

笹川良一というドンを後ろ盾に持った加藤率いる仕手集団「誠備グループ」は、資金量も増え、以後、破竹の進撃を続けることになる。

加藤は、就職の時に年齢制限で大企業から門を閉ざされた。証券業界に入ってからは、手を組んで売買を進めた日興證券の担当者が約束を破って勝手に株を売り、お客に大損をさせるという手痛い裏切りに遭った。こうした経験から、大企業、とりわけ野村、日興、山一、大和の四大証券を目の敵《かたき》にするようになっていた。

そこで、「四大証券に株価操縦をされている市場から、個人投資家主体の市場へ変えよう」というキャッチフレーズのもと、都内のいくつかのホテルで講演会を開いたが、どこも満員であった。

「現在の株式市場は四大証券によって支配されています。四大証券は自分たちの手数料収入を上げることしか考えておらず、大企業や大口顧客のほうばかりを向いています。彼らは個人投資家のことは全く考えていません。株式市場を個人投資家主体の開かれた市場にしなければなりません。個人投資家一人一人は非力でも、みんなで力を合わせれば大きな力になり、市場に影響力を及ぼすことができます。みなさんの資金を一つに集中して、大きな力にしなければなりません。どうかみなさん、心を一つにして誠備のもとに結集し、株式市場を大手四社から取り戻し、大儲けしようではありませんか」

満員の聴衆の前で、加藤は柔らかい口調で、ある時は静かに、またある時は激しく拳《こぶし》を振りながら、訴えた。聴衆は咳払い一つせず、神がかった加藤の熱弁に聴き入った。彼がそれまでに儲けさせてきた実績がカリスマ性をいっそう際立たせ、会場には異様な熱気が充満した。

四大証券批判を聞いた一般投資家たちは、次々に四社の口座を解約して誠備系の黒川木徳証券に口座を開いた。こうして四大証券のシェアは徐々に低下し、株式売買高のシェアは六〇パーセントから四〇パーセントにまで下がっていった。

絶頂

「誠備」が買う株は、黒川木徳証券を窓口とするので「マルキ」と呼ばれ、次々と高値をつけた。これらには岡本理研ゴム、安藤建設、石井鉄工所、丸善、西華産業、ラサ工業などがあった。もともと黒川木徳証券の扱う株は、黒川木徳証券の商標㋖から業界では「マルキ」と呼びならわされていたのだが、ここにきて、「マルキ」銘柄とされるなかでも実際に誠備関連のものは「ホンマルキ」、そうでないものは味噌の銘柄と同じ「ハナマルキ」と呼ばれるようになった。

そして「ホンマルキ」が出ているとなれば、大手証券からもこれに便乗して買いに走ってくる者もいた。これを「マルキスト」と呼んだ。「マルクス主義者」ではなく「誠備原理主義者」なのだ。

余談だが、側近の八谷によれば、加藤はある時、サービス精神を発揮して、冗談半分に「マルクス主義というのは金と女を追求する学問である」と言ったらしい。どういう意味かと訊《き》かれると、加藤はこう答えた。

「マルとは人差し指と親指で作るマル、すなわち金《かね》の意味であり、クスとはセックス（性）の意味だ。それが証拠に、ソ連のスターリン、中国の毛沢東、北朝鮮の金日成、キューバのカストロなど、社会主義国の指導者たちはみな無類の女好きだ」

マルクス経済学の創始者カール・マルクスも、日本の株式市場において、「マルキスト」という言葉がまさか「株亡者」の意味で使われるとは夢にも思わなかったであろう。

この頃は市場を牽引する特別の要因がなかったので、「マルキ」銘柄が市場を活性化させる唯一の材料であった。儲けさせてもらった「誠備グループ」の会員たちは「神様、仏様、加藤様」と言い、「加藤大明神」と言い放った有名人もいた。

ところで「誠備グループ」とは、「誠備投資顧問室」を中心とする会員制の投資集団のことで、最高位の廿日《はつか》会会員から特別会員、普通会員、速報会員の四種類の会員システムをとり、会員総数は四〇〇〇人を超えた。会員には医師が多く、ほかにも地主、重役、中小企業経営者といった高額所得者が名を連ねていた。

中心となるのは廿日会会員で、毎月二十日の日に会合を開くということからこの名前がつけられ、約五〇〇名の会員がいた。また加藤にとっては「廿日」という名前は単に会合日だけではなく、特別な意味を持っていた。廿日を冠した広島県廿日市《はつかいち》市は彼にとっては特別な場所であったのだ。

そこには、加藤が被爆後、被爆者一五〇〇人と共に収容された大野陸軍病院があった。枕崎台風による土石流に襲われたのはこの地であり、さらに三年半もの療養をし、自分の人格形成に大きな影響を与えた結核療養所が存在したのもこの廿日市市であった。釈迦の涅槃《ねはん》の姿を対岸の宮島に望むこの地こそ、まさに重要な土地であった。

この廿日会会員のなかにはさらに、一〇八人の会員で組織された特別なグループがあった。百八という数字は仏教の百八煩悩《ぼんのう》からきているといわれ、四百勝を挙げた元プロ野球の左腕投手や芸能人、国会議員らがその中にいた。グループの資金量は五〇〇億から一〇〇〇億円にのぼるとみられ、加藤の指示のもとに会員たちは一斉に売り買いを行なっていた。

加藤は全国の会員たちの間を自動車電話の付いた運転手付きのベンツに乗ってまわり、会合で「天の時、地の利、人の和」を説き、和の人生哲学を拡めていった。会員たちのなかには、加藤を新興宗教の教祖のように崇拝する者もいた。

都内のホテルオークラで開かれた懇親会では、会員たちを前に歌手の島倉千代子と「からたち日記」をデュエットした。加藤の脳裏には、この歌が流行《はや》った当時のこと、高校に入学して将来は大学に進み、高級官吏になろうと思っていた当時のことが、一瞬よぎった。被爆、結核発病、休学、就職の失敗と挫折続きの暗い人生から、今、彼は、華やかなスポットライトを浴びて表舞台に登場したのであった。

四大証券を批判して個人投資家主体の開かれた証券市場の誕生を謳《うた》う加藤を、マスコミも囃し立てた。「仕手本尊は姿を現わさない」という旧来のイメージを一新し、新しい時代の破天荒な相場師として登場した加藤は、文字どおり「兜町の風雲児」であった。

学生時代はガリガリに痩せていた体も、今は恰幅《かっぷく》のよい堂々とした体型になり、顔つきもほおに肉が付き、がっしりとしてきた。昔の彼のイメージしか知らない人にはとても同一人物とは思えなかったであろう。高校の同級生・松下が最後に彼と話をした日を境にして、確かに彼は変わったのである。

加藤個人の外務員としての収入も、最盛期には年七億円を超えたと言われる。昭和五十五年（一九八〇年）には二億数千万円の所得を申告し、中央区日本橋税務署管内でトップになっている。これに伴い、加藤の所属する黒川木徳証券の成績も急上昇した。

この絶好調期に、加藤が岩国に帰ってきたことがある。同級生の音頭で商工会議所で会員相手に講演をし、市会議員や飲食業者を中心に多くの人が株を購入した。高校の担任であった隼田《はやた》のところにはマスコミが押しかけ、高校時代の様子を聞き出そうとした。隼田は基本的には「彼については放っておいた」と繰り返すだけだった。

親しい友人に電話で株の購入を勧める際には、加藤はこう言っていた。

「今の値段で買って、後日上がってきたら、こちらが指示する時に売って利益を出す。そして再び買う。こちらの言うとおり売買をすれば一億くらいはすぐに儲かる。金がなければこちらで立て替えてもよい」

多くの友人たちが株を買うなか、早大に一緒に進んだ伊藤は慎重であった。彼は父の後継者となるべく家業の文房具店の経営に携わっていた。「鉛筆一本売って何円の儲けになるかという小さな商売をしている自分には、何百万、何千万円という一攫千金の相場の世界は無縁だ」と言って、一定の距離を置いていた。

神と仏

加藤はまた、宗教にものめり込んでいった。もともと高校生の頃から宗教に強い関心を持っていたが、それは幼い頃の被爆体験と高校時代の結核療養体験がきっかけだった。株の世界に入ると、相場を勝たせてくださいとの願いも込めて神仏に傾倒していった。その発端は、昭和四十九年（一九七四年）の帝国石油株の暴落であった。この時は川崎大師に帝国石油株の上昇を祈願して、成功を収めた。これにより、加藤は神仏に一気にのめり込むようになったのだ。

伊勢神宮にはたびたび参拝しているし、近くの川崎大師にもよく出かけた。土日のたびに近くの神社やお寺にも出かけていた。神仏ごちゃまぜで、高野山では般若心経《はんにゃしんぎょう》を唱え、伊勢神宮では柏手《かしわで》を打った。

加藤はまず寄進をし、仕手戦で勝つとまた寄進をした。酒や女性にあまり興味のない、ストイックな加藤にとって、神仏への寄進は、仕手戦という戦いを勝ち抜くための経費を使っての儀式であるとともに、息抜きでもあり、趣味でもあり、道楽でもあった。同行することの多かった八谷によれば、ふだん加藤が都内や近所の神社や寺を訪れる時は、賽銭箱に入れるのは一万円札五枚だったという。

ある年の十一月の酉《とり》の日に、加藤は側近と東京・千束《せんぞく》の鷲《おおとり》神社に「酉の市」を楽しむためにやってきた。商売繁盛の神様を祀《まつ》っているため、境内には縁起物の熊手などを売る店が所狭しと並んでいた。

そんななかの一軒に入った加藤は、左右に目をやりながら奥まで入っていくと、そこに飾ってあったいちばん大きな熊手を買うことにした。それには値札が付いていなかったが、彼は祝儀を含めて百万円を支払った。すると、それを見た周囲の人々は「オーッ」と歓声を上げげた。すかさず側近が「皆さん、お手を拝借」と言って「イヨーッ」と掛け声を発すると、取り囲んだ人垣から「シャンシャンシャン」と三三七拍子が湧き起こり、人々で一杯の境内にこだました。

彼の周囲には常に抹香臭い雰囲気が漂っていた。池袋にある自宅の古ぼけた2DKのマンションの入り口のドアには、御札が所かまわず貼ってあったが、特に西側には「節分般若心経日数所」と「立春摩訶吉祥所」の二枚の御札が目立った。また銀座にある加藤の事務所にも大きな神棚が三つあり、何本もの蠟燭《ろうそく》がともされていた。

加藤はたびたび付き人二人を伴って「四国八十八ヶ所」をまわった。ある時、四国へ渡る前に彼が三つ揃えをピシッと決め、お付きの人二人を連れて突然、弘兼のところに挨拶に来たので、弘兼はびっくりしたという。

後日、遍路の時の思い出を私は加藤から聞いたことがある。

「日が傾きかけた静かな瀬戸内海を見降ろす海辺の遍路道で、前を行くお遍路さんの鈴の音がチリンチリンと鳴るのを聞きながら下を向いて歩いていると、突然、被爆直後の広島市内のあちこちで遺体を荼毘《だび》に付す時に聞こえてくる鈴の音を思い出した。夕暮れの瓦礫《がれき》の街中《まちなか》から昇る荼毘の煙、当時はまだ四歳だったが、今でもその時のことをはっきり覚えている」

そう言うと、加藤の顔は一瞬曇った。

その顔つきを見た二人の付き人は、怪訝《けげん》な顔をした。

それを見て、加藤は脳裏に浮かんだ残像を振り払うように、わざとらしく元気な声を出して言った。

「さあ、今日の予定はあと一つだ。暗くならないうちに急ごう」

加藤は「四国八十八ヶ所」のすべての寺に御布施として帯封のついた百万円の札束を置

いていって話題になった。また伊勢神宮に参拝する時は、一般人にもかかわらず一番奥まで参内《さんだい》を許されたと言われている。歴代首相や閣僚よりもさらに奥まで入れたということは、それだけ御榊料《おさかきりょう》の額が大きかったということであろう。

盟友

この頃、加藤の姉で山口放送に勤務していた磯野恭子は、一躍、社会の脚光を浴びることになった。ディレクターとして制作したドキュメンタリー番組「聞こえるよ母さんの声が～原爆の子・百合子～」が、昭和五十四年度の文化庁芸術祭大賞を受けたのだ。

これは、母の胎内で被爆した後遺症で原爆小頭症になった知的障害者の少女の人生を、ドキュメント風に撮った作品である。娘が母の墓にすがりついて泣くシーンは見る者の心を揺さぶり、静かなる反戦作品となった。

磯野は、この作品以降も、終戦時に満州に置き去りにされた残留日本人孤児の女性たちのその後を描いた問題作などを次々と発表した。その功績もあって、民放としては我が国初の女性取締役になった。

姉が芸術祭大賞を受けたのと同じ頃、加藤は生涯の刎頸《ふんけい》の友ともいえる一人の男と出会う。男の名は亀井静香《しずか》といい、警察官僚から政界に転身し、旧広島三区から衆院議員になったばかりであった。

亀井を紹介されたのは、広島県人会でのことだった。共に修道高校を中退した経歴の持ち主で、男気《おとこぎ》があり、死刑廃止を唱えるなど考え方も似ていた。学生時代に空手部（亀井は合気道部だったが）に所属していた趣味も似ており、すぐに意気投合した。

亀井は加藤より四歳年上で、広島県東北部の山間部にある庄原《しょうばら》市の出身。広島市内の私立進学校である修道高校に進んだが、一年の三学期に学校側が通学定期の発行に必要な証明書の手数料を払えと生徒に言い出したため、ガリ版で抗議のビラを刷って駅で配った。するとこれが問題となり、亀井は校則違反ということで放校処分になった。

その後、東大生だった兄を頼って上京し、都立大泉高校を卒業して東大経済学部に進んだ。卒業後は民間企業を経て警察庁に入りキャリア官僚となるも、次第に政治に魅力を感じるようになり、十五年後に退職して政界へ転身したのであった。

警察に在職時、こんな武勇伝を残している。埼玉県警の捜査二課長として出向中、小料理屋での酒席のあとのイザコザでチンピラグループを相手に大立ちまわりを演じた。あげくの果てに、パトカーで駆けつけた警察官に逮捕され、留置場に収監されるという前代未聞の事件――。亀井も加藤も、小さい頃から反骨精神が旺盛で、時の権力に反発するところは血筋なのかもしれない。

亀井の祖先は、毛利元就《もとなり》に亡《ほろ》ぼされた山陰の戦国大名・尼子《あまご》氏の重臣だったといわれる。尼子氏は出雲国《いずものくに》・広瀬（現在の島根県安来《やすぎ》市の郊外）の月山富田《がっさんとだ》城を本拠とし、最盛期には現在の島根県、鳥取県、岡山県北部、広島県北部までを傘下に置いていた。その後、台頭してきた毛利氏に亡ぼされるが、忠臣・山中鹿介《しかのすけ》の話はこの頃のことである。

当時、現在の山口県には守護大名・大内氏がいたが、これも部下の謀反《むほん》により亡ぼされてしまう。このため、広島県や山口県の山間部には、尼子氏や大内氏の家臣の落武者が住みついたとされる落人《おちうど》集落があちこちにあった。そこでは、最大の落人集落である平家の末裔《まつえい》と同様、かつては武士であった農民たちがそれなりの伝統と誇りを受け継いで暮らしていた。

一方の加藤は、日頃から、自分はかつて瀬戸内海を支配した海賊・藤原純友《すみとも》の流れを汲む水軍の子孫だと言っていた。西日本で「加藤」のように「藤」の字の付いた苗字を持つ者は、何らかの形で藤原氏の流れを汲んでいるといわれている。

さて、加藤は亀井の政治資金面を裏で支える一方、亀井は警察関連で闇の勢力の情報や政官界の情報を取得し、ディフェンス面を支えた。この二人の関係はかつての首相・田中角栄と国際興業社主・小佐野賢治との関係のミニミニ版とも言えた。

亀井はその後、運輸大臣や自民党政調会長を歴任し、小泉純一郎首相のもとでは郵政民営化に反対。自民党を離党して国民新党を結成し、平成十七年（二〇〇五年）の「郵政選挙」では、自民党の刺客「ホリエモン」こと堀江貴文《たかふみ》を破って当選した。また民主党政権下では、金融担当相の最初の仕事として、小泉側から送り込まれていた元三井住友銀行会長の西川善文《よしふみ》日本郵政社長の首を切った。

当選十三回を誇り、特定郵便局や農協、建設業者などを支持基盤とする地方の旧来型の代議士ではあったが、強面《こわもて》でありながら浪花節《なにわぶし》的な側面もあり、絵を描くことが趣味で、また愛嬌もあった。稀代《きだい》の人たらしと言えよう。その清濁併せ呑む人柄で裏の世界にも人脈を持ち、イトマン事件のフィクサー・許永中《きょえいちゅう》とも親しかったとされる。

当時、亀井の秘書をしていたのは、私の高校時代の同級生・土井であった。彼によれば、亀井は外見に似ず、神経は細やかで重要なことには慎重の上にも慎重であった。とりわけ金銭面については秘書にも任せず、すべて自分一人で行なっていた。このため、政治家として金《かね》の問題で墓穴を掘るようなことはなく、自己の危機管理は万全であった。

そんなわけで、秘書の土井も、まさか亀井が自分の同級生の加藤と一緒に仕手戦をやっていたということは、最後まで知らなかったと述懐している。

ちなみに、修道高校を中退した亀井が頼って上京した東大生の兄・亀井郁夫も、旭化成の総務部長、取締役を経て政界に転身し、自民党の参院議員になった。出身高校は広島県立広島皆実《みなみ》高校で、加藤の姉・磯野恭子と同級生であった。

四社の陰謀

誠備投資顧問室のスタッフには、加藤の所属する黒川木徳証券の社員以外にも、大手四社を辞めて入ってくる者が相当数いた。彼らの主要な業務の一つが情報収集であり、業界のさまざまな情報を集めていた。それらを総合すると、大手四社が誠備対策に本格的に動き出したことが日々明らかになってきた。やがて、それは業界内で大きな噂となり、公然の秘密となっていった。

他方、自民党福田派の代議士から、田中派の後藤田正晴らの不穏な動きが伝えられてきた。後日、加藤は「後藤田が出てきてから本当におかしくなった」と私に語っている。

「そろそろ押さえなければいけませんな」

そう口火を切ったのは、野村證券の社長であった。我が国の証券業界を事実上牛耳っていた野村、日興、山一、大和。その大手四社の社長で作っている「四社会」の席上でのことである。加藤は後日、「野村證券の元社長・奥村綱雄さんにはかわいがってもらったが、その後任からはやられた」と言っていた。

野村證券は、昔から「ノルマ証券」とも言われるほど厳しい社風で知られ、新入社員研修会で「人一人を殺すぐらいでなければ一人前になれない」との発言が出たりするぐらいである。経済雑誌の特集による「子弟を入社させたくない会社」などでは、トップグループの常連だった。

業界大手の数社の社長が非公式なグループを作って定期的に会合することは、「ムラ社会」の日本の経済界ではどこでも見られた。特に銀行、保険、証券など、旧大蔵省の許可が多いところでは、単に親睦のためだけでなく、情報交換、対大蔵との関係、業界内での申し合わせ、さらにはルール化への地ならしなどが行なわれていた。

誠備グループの活躍のおかげで何とか活況を維持している証券業界だが、加藤によって旧来の秩序が崩されたのは間違いない。大手四社による適切な市場管理によって適正な規模拡大と利益獲得を図っていくのが、彼らの会合の目的であった。

生き馬の目を抜くといわれる証券業界だったが、やはり日本の業界は「ムラの掟《おきて》」が支配していた。掟を破って彼らの既得権益を侵す新参者は、許すことができなかった。ましてやマスコミに登場し、個人投資家の復権という正論でもって正義の味方を気取られるのは、彼らのプライドが許さなかったのだろう。

四社社長会の意向を受けた東京証券取引所理事長の谷村裕《ひろし》は、策をめぐらした。彼は、大蔵事務次官を経て東証理事長に天下りした典型的な官僚エリートであった。このため、東大卒以外の、それも私大卒の野人が業界を我が物顔に歩きまわり、ひっかきまわすことに我慢がならなかったのではなかろうか。

そこで、四社社長会を代表した野村證券の社長から意向を打ち明けられた時、二つ返事で引き受けた。「私もかねがね、あんな若僧に好き放題させてはいけないと思っていたところです。任せてください」と言って。

実はこの谷村も、大蔵省入省後に肺結核で二年の療養生活を送り、手術もしている。この点で加藤と共通点があった。さらに交通事故に遭い、奇跡的に一命をとり止めたという運の強さも加藤に似ていた。

もちろん、両者ともそのようなことは一切知らなかった。米国で開発されたストレプトマイシンのおかげで、この二人が証券業界で対峙することになったのである。

「誠備」潰し

昭和五十五年（一九八〇年）暮れ、「宮地鉄工所」株が急騰し、二〇〇円台だった株価がピーク時には二九五〇円の高値をつけた。市場では、発行済み株式の七〇パーセントを取得し圧倒的な大株主となった誠備側が、経営者として宮地鉄工に乗り込んでくるのではないかという噂が拡まっていた。

この頃、私のところに突然、高校の同級生・松下から「加藤たちが宮地鉄工に乗り込んでいくらしいぞ」との電話が入った。マスコミも連日この状況を大々的に報道し、センセーショナルな記事が躍った。なにせ個人株主の集団が東証一部上場企業の株を買い占め、乗っ取ろうというのである。これはいわば証券業界の革命であった。

宮地鉄工の株主はもともと金融機関が多かったのだが、筆頭株主の三菱銀行（現・三菱

ＵＦＪ銀行）以外の銀行や生命保険会社が、キャピタルゲイン目当てで売りにまわったのだ。宮地鉄工の役員のなかにも、目先の利益のために自社株を売る者もいた。

宮地鉄工の経営陣と幹事証券の山一證券は焦った。このままいけば誠備側から多くの役員を送り込まれ、経営権を奪われるか、さもなくば自社株を高値で引き取らされて莫大な損失をこうむることになる。

一時は誠備側と、宮地鉄工のメインバンクである三菱銀行側が接触して、誠備側が買い占めた株を大手製鉄会社に引き取らせるという話も進んだが、結局御破算になった。ついに山一は、日銀特融以来の実質的な親分である「目白の闇将軍」田中角栄のところへ馳せ参じ、窮状を訴えた。

山一證券と目白の関係は昭和四十年（一九六五年）にまで遡る。この年、山一證券が倒産の恐れがあるとの噂が拡まって一部で取り付け騒ぎが起こり、金融恐慌の懸念が出てきた。時の大蔵大臣・田中角栄は緊急証券対策として、山一に日銀法二十五条に基づく日銀特別融資の異例措置発動を発表、無担保、無制限の特別融資を行なうことで事態の鎮静化を図った。これにより危機は収まったが、以来、山一證券は、田中角栄の金庫になったといわれている。

山一證券はまた、何とか乗っ取りを食い止めようと、加藤を潰すための秘策を練った。加藤は資金運用に関して暴力団と関係があると言って逮捕させるか、あるいは脱税容疑で逮捕させるかである。

結果的に、誠備側は会長と専務と監査役の三名を送り込んだ。そしてまもなく、宮地鉄工が山一證券の指導で二重帳簿を作っており、年間数億円の秘密資金が目白へ上納されているという事実をつかんだ。この情報を手にした加藤と亀井は、目白を揺さぶる構想を練りはじめた。

山一は誠備側のこうした動きを知ると、取る物も取りあえず加藤の脱税の情報を密告し、これによって警視庁と東京国税局が動き出した。

他方、谷村も小規模会社の信用銘柄からの除外、特定銘柄の規制など、いわゆる誠備銘柄をターゲットにした取引規制を次々に打ち出して、誠備グループの糧道を断つ作戦に出た。特に東証理事長名で誠備銘柄を担保に取る際の評価を低くするように暗に求めた通知を証券会社に出したことは、誠備にとって大きな痛手となった。加藤包囲網が徐々に動き出したのである。

官民あげてのこの包囲網の構図と、各当事者たちのそれぞれの動きについては、以下、私が加藤本人から直接に聞いたことを述べていきたい。加藤は、逮捕されたあとに側近や業界関係者や顧問弁護士からもいろいろな情報を得て、自分が逮捕されるまでの経緯について確信に近いものを持っていた。

某日、赤坂の料亭に谷村東証理事長、大蔵省証券局長、東京国税局長と野村證券の社長が集まった。加藤潰しの謀議である。これには元警察庁長官・後藤田正晴の意向が働いていたといわれている。証券業界の秩序を回復するために、業界の要請で官民共同の加藤潰しの作戦を遂行するためである。たった一人の男に対して役所、業界が総力を挙げて共同歩調を取るというのだからあきれたものだ。

「おかげさまで誠備銘柄も下がりはじめました。資金が底をつくので、あとは時間の問題です」と、野村の社長は挨拶した。

「うむ。あれほどうまくいくとは思わなかったよ」と、谷村は得意気に答えた。

狭まる包囲網

この加藤潰しには、単に業界の要請だけではなく、政治家たちの暗闘もあった。東京国税局から連絡を受けた東京地検特捜部は、誠備グループの有力会員の株所得に関する脱税容疑による逮捕を突破口として、共犯容疑で加藤を逮捕し、さらにその背後にいる政治家や財界人の逮捕を狙っていた。

昭和四十年の日銀の山一への特融以来、証券業界を自分のシマとしてきた元首相・田中角栄は、加藤の実質的な後見人たる笹川良一の利権に目をつけていたのだ。具体的には笹川を日本船舶振興会会長のポストから追い出し、後釜に自分の懐刀《ふところがたな》である後藤田正晴を据え、モーターボート事業の収益金と各種団体への補助金、交付金を一手に握ろうという野望を持っていた。

学歴も家柄も人脈もないなかで権力を得るには、金《かね》の力に頼る以外になく、角栄にとっては金がすべてであり、権力の源泉であった。人間は金によってどうにでもなるというのが彼の哲学であり、したがって、金《きん》の卵を生む鵞鳥《がちょう》を得るためには何でもするというのが彼の方針であった。

ここで出てくるのが後藤田正晴である。加藤は私に、後藤田は田中派の「官房長官」であり、誠備潰しの実質的な司令塔であったと言った。

後藤田正晴は、昔から「カミソリ後藤田」といわれ、東大法学部卒業後に入った戦前の内務省の官僚時代から切れ者として通り、戦後、警察庁長官を務めてから国会議員となった。中曽根内閣の官房長官の時、自衛隊の海外派遣に体を張って反対し、戦争を経験したリベラルな大御所としてマスコミにもてはやされていた。公務員の心構えや政治家の倫理を説くその姿からは、戦争を経験した戦後民主主義の一端を担うハト派のイメージが強いが、実態は「超」がつくほどの現実主義者で、そのため田中角栄とウマが合った。

警察庁退職後に田中派から出馬した参院選徳島地方区選では、田中の仇敵《きゅうてき》・三木武夫（のちに首相）側の久次米《くじめ》健太郎と、俗に「阿波《あわ》戦争」と呼ばれる激しい選挙戦を繰り拡げた。後藤田側はこの時、史上空前ともいわれたなりふり構わぬ札束攻勢で票を掻き集めようとしたため「強盗後藤田」と揶揄《やゆ》された。結果、後藤田は落選し、数多くの選挙違反者を出した。

このように、人間は、外面ではきれいで耳当たりのよい正論を吐いても、内面にはきわめて現実的でドロドロしたものを持っているものだ。安定した状態にある時は余裕を持って正論を吐き、良識的な行動を取るが、生きるか死ぬかの自己の生存を賭けた場面になるとなりふり構わず動き、その人間の本性が出てくるのである。

角栄から加藤潰しの指示を受けた後藤田は、宮地鉄工からの闇献金が公になる前に加藤を逮捕すべく、策をめぐらせた。

目白の闇将軍が加藤潰しに走ったのには、もう一つ理由があった。誠備投資顧問室の社長には、仇敵の元首相・福田赳夫の右腕といわれた有田喜一衆院議員の秘書である藤原三郎が就任していた。このため、自民党福田派（清和会）の議員の多くが加藤の顧客になったからである。のちに清和会会長となる森喜朗、小泉純一郎も顧客であったといわれる。さらに、あの大勲位・中曽根康弘も顧客であった。

さて、誠備事件を指揮した東京地検特捜部の副部長は、田中角栄の息のかかった人物であった。宮地鉄工からのヤミ献金の追及をかわすために、目白は加藤の逮捕を急いだ。加藤は身の危険すらも感じて、ボディガードを増やし、妻と二歳の子供を高校時代の同級生・弘兼に託した。加藤の息子と同い年の息子を持つ弘兼は、快く引き受けた。そして加藤は、自分の居場所を毎日転々と変えた。

その頃、加藤の事務所が何者かに荒らされる事件があった。側近たちは加藤に護身用のピストルを携帯するよう勧めた。さすがに加藤はこれを断わったが、週刊誌の取材に「明日、自分が亡き者になっていてもおかしくない」と語っている。

これは後日の話だが、昭和五十六年（一九八一年）十一月に、盟友たる亀井静香の秘書・

下土井澄雄が自殺死体で発見されるという事件が発生した。本人に自殺する理由は全くなかったため、少し前に逮捕されていた加藤は瞬時に目白の仕業だと思ったという。そして、これはこの件から手を引けというメッセージだと気づいた。政界には以前から「目白は平気で人を殺す」という噂が流れており、今回の件も間違いなくそうだと加藤たちは確信したのであった。

同じく亀井の秘書であった同級生の土井が回想する。

「『やられた。下土井がのう』と亀井がしばらくの間つぶやいていた」

政治家とカネ

政治家にとって最大の目標は、次の選挙に当選することである。在職中にいくら立派な政策を推進しても、選挙に落ちてしまっては意味がない。猿は木から落ちても猿だが、議員は、選挙に落ちたらタダのヒトになってしまう。

選挙に勝つためには何といってもカネが必要であり、大多数の政治家は常にその工面に頭を悩ませている。そして、こうした政治家たちの行動をバックアップしているものの一つが宗教である。

政治家が株で資金集めをするようになったのは、政治資金規正法改正で寄付の上限規制が始まったからである。加藤はあるインタビューで「社会的に地位のある人は、カネで加藤とつながっているということが表へ出るのをいやがります」と言っている。一般的に政治家は、株の売買をやっているということを世間に知られるのを恐れていた。

しかし、自民党の玉置和郎《たまきかずお》参院議員（当時）は、自らが株の売買をしていることを隠そうとしなかった。もともと加藤は政治家との付き合いも多く、特に親しかったのは玉置和郎、稲村利幸であった。のちの東京佐川急便社長の渡辺広康から自民党副総裁・金丸信への五億円の献金を仲立ちをしたのも加藤であった。

加藤と玉置との関係は、業界の知人からの紹介で玉置の資金運用に協力した加藤が、株の運用で倍以上に増やして儲けさせたことがきっかけで深くなっていった。玉置は宗教法人「生長の家」をバックに自民党から政界に進出、参院議員を経て衆院議員となり、総務庁（現・総務省）長官も務めた。加藤がかつて入っていた結核療養所では、「生長の家」が患者間にかなり浸透していた。加藤は同室の患者から会誌を見せられていたので、その教義も理解しており、玉置とすぐに話が合った。

もともと政治家と宗教は親和性が高い。与野党を問わず議員たちは、各宗派とさまざまな関係を築いていた。わかりやすいのは公明党と創価学会の関係だが、自民党も、特に保守派の議員は各種の新興宗教と深いつながりを持っており、信者たちの集金力、集票力は選挙にとってなくてはならないものであった。ちなみに玉置和郎は、衆参七十四人の議員が所属しているとされる「宗教政治研究会（宗教と政治の関係を研究する会）」の代表を務めていた。

変わったところでは、安倍晋三元首相の母方の祖父・岸信介は旧統一教会（現・世界平和統一家庭連合）の教祖・文鮮明と盟友関係にあったとされる。このため、岸家、安倍家とも今に至るまで、旧統一教会と深い関係が続いていると地元では言われている。

岸信介はまた、出身地である山口県熊毛《くまげ》郡田布施《たぶせ》町《ちょう》で発祥した宗教とも関係があった。この宗教は、戦後この町に出現したもので、北村サヨという女性が、身ぶり手ぶりで踊っているうちに突然「神のお告げ」を受けたというのが始まりである。

踊っているうちに一種のトランス状態に陥ることは、珍しくはない。しかし、周囲の人々がこれに影響され、集団で、あちこちの広場で教祖とともに踊り始めるようになった。やがて地元ではこれを「踊る神様」と呼ぶようになり、ついには「天照皇大神宮教」という正式な宗派となり、建築家・丹下健三の設計による本部道場も田布施町に竣工した。

当時、首相になったばかりの岸信介が北村サヨを表敬訪問したときのことは、よく知られている。北村が岸に対して「私は世界を治める。あんたは日本を治めなさい」と言い放つと、岸はうなずき、北村とともに「無我の舞」を踊ったという。

この話を、高校時代の私たちはバカバカしいと一蹴《いっしゅう》していたが、いま思えば、加藤だけはニコリともしていなかった。以来、この宗派は岸の後援会の重要な一部となり、令和の現在まで安倍派を支え、教祖の孫は自民党の参院議員となっている。

昭和五十五年（一九八〇年）四月、東京銀座で大貫久男さんというトラック運転手がふろしき包みを拾った。中には一億円分の札束が入っていた。かの有名な一億円拾得事件である。結局、落とし主は現われず、半年後に大貫さんは一億円の小切手を受け取った。大貫さんはその後、一時所得として申告し税金を払ったので、実際に本人が手にした金額は約六七〇〇万円であった。

落とし主について株取引の金だとか麻薬絡みの金だとか臆測が飛んだが、これは加藤が落としたものであった。「あれはハマコーに渡す金だった。後日再度持っていった」と本人が語っている。

「ハマコー」とは自民党の浜田幸一衆院議員（当時）のことだ。彼は千葉県君津郡青堀町（現・富津《ふっつ》市）の出身で、議員のなかでは武闘派で鳴らしていた。強行採決の折は議場内にバリケードを築いて野党議員と乱闘をしたり、女性問題がささやかれていた社会党議員を「この強姦野郎」と議会内で罵倒して辞職に追い込むなど、暴れん坊議員として有名であった。また選挙の時は、選挙カーから降りて、背広と靴のまま田んぼの中にズブズブと入り、田植え中の人に握手を求めるといった奇態な行動もした。その強面のする顔つきはまさに街道一の大親分という感じであったが、その彼もまた、資金面で加藤とつながっていたのだ。

このように政治家たちは金を求めて陰に陽に兜町に関わってくるので、各派閥の長は、加藤とその背後にいるであろう政治家の動静を探り、隙あらば潰そうと考えていた。後藤田による証券業界と官界への工作が徐々に功を奏しはじめた。

加藤逮捕

昭和五十六年（一九八一年）二月九日、東京国税局の告発を受けた東京地検特捜部は、誠備有力会員と誠備元社員を脱税と脱税共犯容疑で逮捕した。地検特捜部はまた、共犯とみられる加藤に対して強制捜査に踏み切った。このことがニュースで報じられると、誠備銘柄は一斉に下がりはじめた。

検察は、都内の加藤の自宅や事務所、さらには秘書の金沢千賀子の自宅なども調べたが、すでにもぬけの殻で、目当ての帳簿や顧客名簿などは一切発見できなかった。検察としては、加藤の妻・幸子《ゆきこ》と加藤の秘書・金沢の二人が裏帳簿や顧客名簿を管理していたと踏んでいたのである。

妻の幸子は、結婚する前はレブロン化粧品に勤めていた。その二年後輩が金沢千賀子であった。幸子は、結婚してから夫の仕事の事務面を手伝っていたが、子供が生まれて家事に専念せざるを得なくなったため、気心の知れた後輩の金沢を秘書にスカウトしたのである。家宅捜索の時、幸子と子供がすでに高校時代の同級生・弘兼の自宅に預けられていたのは、前述したとおりである。

焦った検察は、高校時代の同級生たちをも調べるべく、山口県岩国市へと向かった。そして、弘兼が勤務する岩国市役所に入り、執務中の弘兼の机の引き出しをいきなり開けるなどの暴挙に出た。何が何でも証拠を挙げなければならない、というプレッシャーを与えられていたのだろう。

加藤は、ついに来るべきものが来たと思った。相手は国家権力である。

自分は常に一匹狼として、振りかかる難局や目の前の組織と戦ってきた。幼い頃の「原爆」「土石流」、さらに高校時代の「結核」も強大な敵であった。就職の時は、年齢の壁という建て前で大企業からことごとく門前払いをされた。やっと入った岡三証券でも組織と対立し、退職を余儀なくされた。さらに、共に組んで儲けようとした日興證券からは、土壇場で裏切られ、株を売られた。そして今度は証券大手四社連合と国家権力である。

自分がここまで築きあげてきたものを、彼らは総力を挙げて潰そうとかかってくる。負けるわけにはいかない。これは人生最大の苦患《くげん》である——。

社会に出てから加藤が対峙してきたのは、いずれも既得権益を守ろうとするエスタブリッシュメントであった。無知な大衆たちを手なずけて業界の秩序を守ろうとする体制派である。彼らから見れば、加藤のような破天荒で「ムラの掟」を破ろうとする者こそ、決して許してはならない存在なのだ。「健全な資本市場育成」という名目で成敗しなければならない存在だったのである。

四大証券と特捜部は、加藤を「ネズミ講のような勧誘方式で一般投資家の金を騙し取った詐欺師」というイメージに仕立てあげようとしていた。

「ネズミ講」という呼び名はネズミ算に由来している。熊本県在住の元第一生命の全国一の「優績者」（トップセールスマン）であった内村健一が主宰した「天下一家の会」という講である。一人の会員が子会員を多数勧誘し、その子会員がそれぞれ孫会員を多数獲得して組織を大きくすると、最初の会員に多額の報酬が入っていくという仕組みである。

この方法は会員が無限に増えていくことを前提にしているため、いつかは破綻する。実際、この「天下一家の会」は行き詰まった会員たちが増えて全国的な大問題になったため、国は「無限連鎖講の防止に関する法律」を作って禁止した。

しかし、このあともこれを真似した「国利民福の会」によるいわゆる「国債ネズミ講」なるものが出現し、多くの被害者を出した。四大証券と特捜部は、この範疇《はんちゅう》に加藤を落とし込もうとしたのである。

東京地検特捜部は加藤に出頭を求めていたが、加藤は会員が逮捕されるとすぐに行方をくらました。そして、一週間かけて全国各地をまわり、会員たちにこう話した。

「いずれ私も逮捕されるだろうが、皆さん方には、これに動揺して株を売ることのないようにしていただきたい。私がまた出てくるまで、結束して頑張ってほしい」

二月十六日午後、すべての整理を終えた加藤は東京地検に出頭した。そして午後二時過ぎ、所得税法違反（脱税共犯）の容疑で東京地検特捜部に逮捕された。翌日の東京株式市場は全面安の状態になり、ダウ平均が三〇円下がって七一〇〇円となった。

谷村東証理事長は「誠備事件の影響は軽い」と言い、マスコミは「逮捕容疑はグループ会員の脱税共犯容疑という〝微罪〟にもかかわらず検察が加藤逮捕に踏み切った背景には、株式市場のギャンブル場化を防ぐため、市場健全化への〝一罰百戒〟という面がある」という建て前論を流した。

一方、加藤逮捕の報に接した全国のグループ会員たちの反応は、ショックの声ではなく、加藤礼賛の合唱であった。「逮捕はおかしい」「悪いのは大手証券だ」「加藤さんは私心がない。あれほど立派な人はいない」などと、加藤崇拝はいささかも揺るがなかった。

このように、誠備グループも末端の会員のなかには加藤を神聖視し、自分の生き方の支えにする者もいた。カリスマ性のある加藤はさながら新興宗教の教祖であり、誠備グループは教団であった。そして権力側から弾圧を受ける誠備グループは、さながら証券業界における大本教のごとくであった。

「誠備」の加藤ついに逮捕

四億円の脱税を共謀

隠匿所得、仕手戦に投入

逮捕された加藤

大量の資金をバックに、数々の仕手戦を演じて東京・兜町の話題をさらった「誠備」グループの大型脱税事件で、東京地検特捜部は、十六日午後、すでに所得税法違反容疑で逮捕した貸金業・吉永裕光こと金法道(五五)の共犯者として、同グループのリーダーで、黒川木徳証券歩合外務員・加藤暠（あきら）(三九)（東京都豊島区東池袋五の三九の一四）を同法違反容疑で逮捕、東京・日本橋の黒川木徳証券、加藤の銀座事務所「加藤宗教研究所」や自宅の三か所を家宅捜索した。同特捜部は加藤の逮捕をきっかけに、同グループの実態の徹底解明を進める方針で、証券業界にも大きなショックを与えそうだ。

事務所、自宅など捜索

同特捜部の調べによると、加藤は、先に所得税法違反（脱税）容疑で逮捕された吉永の株式売買のコンサルタントをしていたが、五十四年分の所得の脱税を計画、やはり先に同容疑で逮捕された元「誠備投資顧問室」分析室長、田久保利幸(三〇)と共謀して、吉永の売買する株を架空名義で取引し始めた。

この共同謀議により、吉永の同年分の所得は六億三千百六十六万円余あったにもかかわらず、吉永は三百七十三万円しかなかったと過少申告、三千九万二千五百円の所得税しか納めず、正規の所得税との差額四億四千五百四十二万円余を脱税した。

東京国税局の告発を受けた同特捜部は、吉永の架空株式売買の五割以上が、田久保を窓口にしていたことから、田久保を共犯と判断、さる九日、吉永と同時に田久保も逮捕した。ところが田久保を調べたところ、田久保が窓口になったはずの株の銘柄、株数、売買回数など、ほとんどの事実関係について説明が出来なかったためさらに追及した結果、田久保は加藤の指示を受けて、吉永の株の売買の窓口になっていたことを自供した。このため、同特捜部では、吉永の脱税の実質的共犯は加藤だったと断定、この日の強制捜査に踏み切った。

加藤と吉永はさる五十一年ごろから株の売買を通して付き合い始めたといわれ、加藤の逮捕容疑は裏付けのとれた五十四年分の所得の脱税に絞られているが、吉永が二億七千九百万円余を脱税した五十三年分についても共謀の疑いが強いとみてさらに追及する。

株式売買による吉永の脱税は五十二年当時も行っていたが、少なく東京国税局は告発を見送ったとみられる。

加藤宅を捜索、押収書類を手に引き揚げる捜査員（16日午後8時42分）

笹川氏の世話に

長寿祈願で全国巡礼

加藤が笹川氏に贈った長寿祈願のお札の数々

不安隠せぬ会員ら

読売新聞　昭和56年（1981年）2月17日　より

黙秘

加藤は、葛飾区小菅《こすげ》にある東京拘置所に収監された。自分を追い詰めようとしている元首相・田中角栄がロッキード事件で入れられたのも、この拘置所である。

加藤は平然としていた。面会に来た側近にも、「なに、クサい飯を二、三年食えば外に出られるさ」と軽口を叩いた。

被爆、水害、結核と命を脅かされた過去の災いにくらべれば、静かで食事付きで安全が保障された拘置所は、むしろ精神修養の場だと考えればよい、と彼は思った。特に、危険を感じて常に周囲を警戒していた身にとっては、命を狙われる心配がなくなって夜もぐっすり眠れるのはありがたかった。

差し入れは一切断わった。古米のためクサいにおいのする米飯とわずかなおかずの粗末な食事も、残さずに丁寧に食べた。栄養過多で糖尿病予備軍となり、下腹が出はじめた加藤にとって、低カロリーで必要最小限の栄養分を計算してある拘置所の食事は、成人病の食餌療法と減量に最適であった。坊主頭にしているからだろう、さながら禅寺で修行中の雲水のような心持ちでもあった。

　加藤は後日、獄中の様子を回想して私にいろいろ語ってくれた。

　取り調べに当たった最初の検事は、功を焦ったのだろうか、性急に事件の核心部分を聞き出そうとした。しかし加藤は、核心部分になると沈黙した。短気なその検事は、手で机をドンと叩き、足で加藤の椅子を蹴った。すると加藤は突然、般若心《はんにゃしん》経《ぎょう》を唱えはじめた。お手上げだった。

　次に替わった検事は、新潟出身で田中角栄の息のかかった人物であった。彼は、硬軟取りまぜた柔軟な姿勢で取り調べに臨んだ。事前に加藤の個人情報について入念な下調べを行ない、国税庁のキャリアからも、税法の細部にわたるポイントや加藤自身の脱税についての法的なチェックポイントを細かくレクチャーしてもらっていた。そして、取り調べの時には、加藤に対して自信満々に質問をした。

　すると加藤は、それに対して的確に反論し、主張を打ち砕き、検事をキリキリ舞いさせたという。慌てた検事はまた国税のキャリアに教えてもらい、それを加藤にぶつけるというありさまであった。

　検事は加藤に問うた。

「君は法律を専攻していないのに、どうしてそういうことがわかるんだね」

加藤はこう答えた。

「六法（六法全書）をじっと見ていると、条文と条文の間に真実が般若心経の文字のように浮かび上がってくるんですよ」

検事はあっけに取られ、ポカンとしていたという。

加藤の言うことに、あながち「ホラ」とは決めつけられない何かがあったことは事実である。競艇場で、レース前にコースをまわるボートを見て「どれが一着になるか見えてくる」と言い、競馬場でも同様のことを言ったりするのは、まさに神がかり的でカリスマ視される所以《ゆえん》であるが、何事に対しても物事の本質を見抜く鋭い洞察力があるということは事実であろう。ある意味「預言者」のような者であり、新興宗教の教祖にも同じような天性の資質があると思われる。

笹川良一のような右翼の大物や稲川会の石井進というような暴力団のトップも、加藤のそのような能力に気づき、お互いに同じ匂いを感じて結びついていったのかもしれない。

逆に、大企業の社長や官僚といった既成のエスタブリッシュメントたちは、加藤を自分たちの体制を脅かす危険な人物だと本能的に感じ、このため、やみくもに加藤潰しに奔走したのではないかと思われる。

このことは、極論すれば歴史を見ても洋の東西を問わず預言者や宗教家、さらには科学者までもが、時の権力からすさまじい弾圧を受けてきたという事実からも明らかである。体制側から見れば改革者は危険人物なのである。

取り調べが長くなるにつれ、検事もたまには加藤と気安く冗談を言うようになった。

「君はずいぶん儲けたはずだが、あまり贅沢をしていないようだね。一戸建の家も持っていないし、せいぜい自動車電話付きのベンツに乗っているくらいだ。君の夢は、一体何だね？」

実際、加藤の日常生活は地味で、平凡なものだった。池袋の古い、2DKのマンションに、おとなしくて小柄な奥さんと小さな男の子一人と一緒に住んでいた。検事から「夢」と問われて、彼はいつもの「社会福祉事業の夢」を話した。

「私の夢は、故郷の瀬戸内の島に原爆病院を建て、そこに貧しい被爆者たちを集めて農業をし、自給自足のユートピアを作ることです。私のふるさとは、小柳ルミ子が歌う『瀬戸の花嫁』にあるような美しい島で、その辺りはまさに地上の楽園を作るにふさわしい場所なんですよ」

検察側の真の狙いは、加藤の有罪ではなく、加藤の秘密の顧客となっている政治家たちの名前を明らかにして、これら背後にいる政財界人に捜査の手を伸ばすことにあった。目白の意向で動いているこの検事の目的は、特に田中角栄の仇敵でもある自民党福田派の国会議員の名前を明らかにすることであった。

しかし、これらの質問に対しては、加藤は一切答えなかった。肝腎のところになると、のらりくらりと質問をかわし、話をはぐらかして、「検事さん、四大証券はもっとひどいことをやっているんですよ。架空口座なんてどこでもやっていますよ」と、いつもの四大証券批判に話をもっていった。検事は、やれやれまたかとうんざりした。

取り調べのない時は、加藤は般若心経を一心不乱に唱えた。加藤の供述を突破口に一気に大物逮捕をもくろむ検察側は、必死の家宅捜索でも大物政治家たちの名前が載っているであろう顧客名簿や裏帳簿を見つけることができなかったうえ、加藤に徹底的に黙秘され、次第に焦ってきた。

一方、加藤の弁護士は、秘密顧客の名前を明らかにすることによって株取引の利益が加藤のものでないことがわかり、無罪になるからと言って、「一人でもいいから言いなさい」と加藤を説得した。しかし加藤は、きっぱり断わった。

「顧客の名前は絶対に言えません。もし言えば、二度と兜町を歩くことができなくなります。男として信義にもとることはできません」

ここに加藤の男気が表われ、のちに闇の勢力をはじめとする多くの人々から信用を獲得するきっかけとなった。

実質無罪

逮捕から二年半後の昭和五十八年（一九八三年）八月、加藤は保釈され、東京拘置所から出てきた。保釈金は二億円であった。

拘置所から出たあと、加藤は知人、友人たちに電話をかけた。高校時代の友人のなかでは、彼と比較的距離をとっていた伊藤のところにも「迷惑をかけたな」という電話がかかってきたようだ。

昭和六十年（一九八五年）三月二十二日、東京地裁で判決が下された。脱税共犯では有罪だったが、加藤自身の脱税は無罪となった。加藤が開設した三十二の株式取引口座の株式から生ずる所得については、加藤のものと認定はできないという判断である。秘密顧客の名前を明らかにし、仮名の三十二口座の株取引の利益が加藤のものであると立証したかった検察側は、敗北した。

判決は懲役一年二ヵ月の実刑判決だった。しかし、「未決拘置日数を算入する」としているので、約二年半拘置されていた加藤は身柄を拘束されることはなかった。また、結果的に有罪とはなったが、起訴事実の主要な部分が退けられたことから、この判決は加藤にとっては「実質無罪」と言えた。

加藤は、判決の十日前から長野県の禅寺にこもっていた。早朝から座禅を組み、滝に打たれ、終日写経を繰り返していた。

判決があった日は、傍聴席に多くの加藤ファンがつめかけた。加藤は、グレーの三つ揃えのスーツ姿で、背筋を伸ばし、両手を膝の上にきちんとそろえ、不動の姿勢で被告席に座った。閉廷直前に裁判長が主文を再読すると、傍聴席から拍手が湧き起こり、廷吏が慌てて制するというひと幕もあった。

閉廷後、出てきた加藤を会員とおぼしき初老の男性たちが取り囲み、「おめでとう」「本当におめでとう」と言って握手を求めた。記者団から心境を訊かれた加藤は、言った。

「春風は扉を開かせるが、北風はますます戸を閉じさせる。やられたらやり返すのでは互

誠備事件

加藤被告の脱税は無罪

個人分認定できず

客との共謀では有罪

東京地裁判決

判決後、余裕の表情で記者団の質問に答える加藤被告（左）＝22日午後4時すぎ、東京地裁で

「仮名」取引あばけず　検察側

朝日新聞
昭和60年（1985年）
3月23日 より

いの心を閉ざす。抽象的だけど、春風の状態を自分自身の心に持てるかどうかです」

この事件は、自分の名前が明かされなかったのでホッと胸を撫でおろした顧客だけでなく、株の世界に生きる人々やいわゆる「裏の世界」の人々からも、加藤が信用を得るきっかけになった。ある裏の世界の帝王といわれる人物の発言を、加藤の側近兼ボディガードの八谷が回想している。

「加藤君は偉い。たいしたもんや。わしゃあ加藤君が好きや。こういう人間だから、命の次に大切なものを預けられるんや」

裏の世界には表の世界とは違った世界観があり、たとえそれが違法なことでも「約束は必ず守る」「秘密は厳守する」といったことは基本的なルールとなっている。世間一般から見れば無法なようでも、そこには昔から変わらないこういった規範が存在しているのである。いわゆる「俠気の世界」といったものもそういう彼ら独特のルールで秩序を保っており、その世界が運営されているのである。そして、むしろ本音で動くだけに表社会よりはわかりやすい面もある。

加藤はこの事件により、本来、株とは馴染《なじ》みが薄いはずの裏社会の人々からも一目置《いちもく》かれる存在になった。一般的に官庁や大企業のエリートといわれる人間の行動ルールは、自分の良心に従うというよりは社会の目、世間の目を気にして動くのが常である。失敗することを恐れ、つまずいたり、外れたりすることを極端に怖がり、いったん踏み外したり追いつめられたりすると極めて脆いものであるが、加藤のように生まれた時から逆境と闘ってきた「打たれ強い」人間は、このような苦境にも開き直って対応し、逆に自分の味方を拡げるチャンスにしてしまう。

脱税という犯罪は、殺人のような犯罪とは違い、世間一般の人々から見れば比較的犯罪意識が薄いように見える。それは「政治家や実業家なら誰でもやっている」とか「サラリーマンが一番損をしている」と漠然と思っている人が多いだけでなく、税金の使い道が無駄な公共事業や破綻金融機関への投入といった誰が見ても疑問を感じざるを得ないものが多すぎるからではないかと思われる。特に一部富裕層や大企業によるタックスヘイブン（租税回避地）の利用などは、節税というよりはむしろ合法的な脱税と考えられるのではないか。

大手証券会社でも個人投資家でも、日常的にやっている脱税について、なぜ加藤だけが徹底的に糾弾されるのか。二十四億円もの脱税という金額だけを見れば確かに大きな金額であるが、それは金額の問題ではなく、既成の体制＝政治家—官庁—大企業、すなわち政・官・財癒着の利益構造（徴税から税金の使途までも含めた）を守るために、それに歯向かってくる者を総力を挙げて潰そうとする体制側の陰謀であったように思われる。これに対して、その辺りを本能的に嗅ぎ取っている一般投資家たちは、加藤に「正義の味方」「改革者」の側面を見て拍手したのである。

第四章　蓬萊の夢

「誠備《せいび》」の余波

さて、加藤暠《あきら》は、仕手戦の資金を調達するためにあらゆる手段を使っていた。極端な例としては、実現はしなかったが中東のオイルマネーを導入しようとしたことが挙げられる。大手都市銀行もその例外ではなく、たとえば住友銀行（現・三井住友銀行）青葉台支店も、誠備グループの資金調達に利用された一例である。

住友銀行は従来から収益第一主義で、儲《もう》かると思えば何でもやった。在京の都市銀行が比較的お行儀が良かったのとは違い、関西に本店を持つ住銀は、いわゆる「えげつない」ことも平気で行なった。行動規範について言えば、一般の企業は普通、社会人としての良識、道徳というものを守って行動し、その下にこれは破ってはいけないという、法律という最低限の基準があるものだが、住銀にとっては法律が最高の道徳と位置付けられている。つまり法に抵触しなければ何をやってもかまわない、という企業風土である。このため、バブル期に入ると「行け行けドンドン」を全社を挙げて行ない、当時の会長・磯田一郎の言葉「向こう傷は問わない」に代表される、徹底的な攻めの営業に邁進した。

具体的には、社員を常に臨戦態勢化に置き、支店や部門に高い目標数値を設定し、お互いを競わせるやり方である。目標数値は常に対前年比百数十パーセントなので、毎年毎年業績が飛躍的に伸展することになる。このままいけばいずれ市場は満杯になりそうな気もするが、他社のシェアを奪っていけば、まだまだ伸びる余地はあるという考え方である。この方法は野村證券も同じで、関西系の企業に共通したやり方である。

首都圏のある支店では、目標未達に終わったチーム全員（男女とも）を休憩室の畳の上に正座させ、副支店長が罵声を浴びせ、怒りにまかせて木製のエモンカケを彼らに投げ付けることもあったという。エモンカケが直接顔に当たると怪我をする恐れもあるので、行員たちは器用にさっとそれをよけていたという笑えないエピソードもある。

昭和六十一年（一九八六年）になると、当時首都圏への本格的な進出を狙っていた住友銀行が、経営陣の内紛により経営危機に陥っていた平和相互銀行を吸収合併した。加藤が本格的な証券業界への進出の足がかりとして利用した平相もついに消滅したのだ。

当初、都内の平相支店は住銀支店へと看板を変えただけで、平相の支店長はそのまま住銀の支店長となったが、一～二年以内にすべての支店長が退職した。厳しいノルマにとてもついていけなかったからである。

平相の行員で合併後は住銀の行員となり、その後、私の職場に来ていた派遣社員の女性が、こう述懐している。

「平相と住銀では、男子行員のレベルも当然だがあまりにも違い、仕事に対する姿勢は天と地ほどの開きがあった。これではとてもついていけないな、と感じた。住銀から来た行員は、セブン－イレブンといわれるほど早朝から夜遅くまで働きまくり、特に外まわりの行員などはストレスがたまり続けているので、その反動として女子行員に対するセクハラがすさまじかった。しかし、これもストレスのハケ口として重要なので、慰安婦と思って我慢するように上司から言われていた」

さて、当時の横浜の青葉台支店長は、支店の業績を上げるため「危ない賭け」に出た。出資法で禁止されている「浮き貸し」である。これは、銀行員が支店の顧客と第三者との間の融資の仲介を行なうものである。高利を望んでいる銀行の顧客を仕手の資金を必要としている知人に紹介するのだが、さらに顧客が融資する資金の一部を銀行がその顧客に融資する「迂回融資」も行ない、結果的に誠備グループの投資会社「東成商事」に仕手戦の資金を三百億円調達させたことになった。

この「浮き貸し」と「迂回融資」で顧客に便宜を図ったことにより、青葉台支店の預金残高も増え、業績は飛躍的に伸びていった。住銀本店もうすうす気づいていたにもかかわらず、支店の営業成績が好調な間は一言も注意しなかった。

やがて、別件の脱税事件で強制捜査をしていた東京地検特捜部により、青葉台支店の「浮き貸し」の事実が判明した。当時の青葉台支店長はすでにほかの部門へ転勤していたが、出資法違反容疑で逮捕され、銀行を懲戒解雇となった。

後任の青葉台支店長は四十一歳の西丸文雄であった。西丸は、広島大学を卒業後に住友銀行に入り、本店総務部を経て青葉台支店に赴任した。西丸も誠備グループへの融資仲介を前任の支店長から引き継いで継続していたため、責任をとらされて懲戒解雇された。西丸は、解雇は無効だとして、裁判所に対し地位保全の仮処分を申請した。

裁判所の弁論で西丸はこう述べた。

「当時は銀行全体が拡大路線で、業績についての本店からのノルマはきつくなる一方であり、『浮き貸し』であろうが何であろうが成績に結びつくものは何でもやらなければいけないような状況であった。『浮き貸し』という方法があることも、誠備のダミー会社への仕手戦資金の調達を続けることも、前任者から引き継いだものである。支店の預金残高を減らすことは許されず、こういうやり方をして成績を維持しているということは本店も当然に知っていたはずである。前任者と私だけが悪いというのはおかしい」

これに対して銀行側は、当時の関係者や同僚、本店の担当者、さらには西丸の同期までも証人に引っ張り出し、「銀行はあくまで浮き貸しの事実を知らなかったし、指示したこともない」と西丸の主張を否定した。いくら銀行側の証人であり保身のためとは言え、彼らの手の平をかえすような言い方に、西丸はショックを受けた。ほどなくして西丸は自宅で首を吊った。

住友信託に勤務し、大学時代に西丸と同じゼミに所属していた私の高校の後輩は、「彼は犠牲者だ。住銀というのはそういうところだ」と私に言った。

最後の仕手戦

逮捕、保釈、無罪判決と、加藤は四年の年月を経て再び兜町《かぶとちょう》に戻ってきた。以前の挑戦的な面構えは失せ、内省的な、達観したような顔つきに変わっていたが、それは長い拘置所生活によるものであろうか。

加藤は目白を訪れ、田中角栄とサシで話した。詳細は語らないが、彼なりに田中派との戦いの決着をつけたと思われる。後日、加藤は私に、「誠備事件の真実は田中派との戦いだった」と語っている。

裁判の過程で、加藤は稲川会会長・石井進と強い信頼関係を築くに至った。東京地裁の誠備事件公判で弁護側証人として法廷に立った石井は、「加藤さんにすべてお願いしました」と、加藤に株の取引を任せ、二億円儲けたことを証言した。この証言によって、株の売買で得た利益はすべて加藤のものであると主張してきた検察側の論理は破綻し、加藤の無罪へとつながったのである。加藤はこのことで石井に感謝し、双方の結びつきはいっそう深くなっていった。

石井は背が高く、白髪で穏やかな顔つきをしている。物腰はやわらかく、物言いは丁寧で、その外見からは、山口組と並んで日本全国を仕切っている広域暴力団のトップとはとても思えなかった。

石井は、日頃からヤクザの近代化を唱えていた。組員にも日経新聞を読むようにと言って、株の世界をこれからの資金源の一つにと考えていた。この石井の思惑と、兜町に戻り、新たに強力な後ろ盾を得て再び仕手戦に挑もうとしていた加藤の思惑が一致した。

昭和六十年（一九八五年）の夏のことだった。私は、新宿ルミネの五階にある書店で平積みにされている業界誌をめくり、そこに「再びの出発」と題する広告を見つけた。

「春がすぎ
四年目の夏がきて
あの巨船が静かに浮上した
船底には無念と反省と復活
時の流れのなかで絡みあった
もろもろの情念が
新しい出発の
その一瞬を待っている」

作者の名前は出ていなかったが、私はすぐに加藤だと気づいた。

後日、日興證券専務であった中学時代の同級生にこのことを話すと、彼は「また出てきたらしいな」と言った。

今度は、加藤はこれまでのように一般投資家を直接組織化するような目立つことはやらずに、会社を設立して一般投資家から出資を募り、彼らを個人株主にして資金を束ねるという潜行型の方式に変更した。そして、会社が挙げた利益はきちんと申告し、株主には配当を払う。二度と脱税で摘発されることのないよう、事件の教訓を生かした形だ。

これらの会社は大剛商事（中央区）、出雲物産（中央区）、東成商事（港区）、せんだん（沼津市）などで、旧誠備グループの会員たちが再組織化されたものである。

このあと、加藤は地産会長・竹井博友、東京佐川急便社長・渡辺広康らとも組んで、バブル期最後の戦いとされる本州製紙の仕手戦を仕掛けていく。この仕手戦には麻布自動車社長・渡辺喜太郎、稲川会会長・石井進、さらには自民党総裁戦を控えた政治家たちも乗り、オールキャストが勢ぞろいした。

九〇〇円台の株価は、一時五〇〇〇円にまで上昇したが、買いグループの結束が乱れて一部のグループが売りにまわったため、加藤らは必死に買い支えようとした。しかし叶わず、結局、元の値段近くまで下落して、この仕手戦は失敗した。この仕手戦で躍った金は約一〇〇〇億円といわれた。

加藤は、その後も大小の仕手戦にチャレンジし、そのつど神仏に多額の寄進をして一心不乱に祈りを捧げていたが、その姿に私は業《ごう》の深さを感じざるを得なかった。

落日

それからしばらくして、竹井博友が脱税で逮捕され、渡辺広康も東京佐川急便から金丸自民党副総裁への五億円ヤミ献金疑惑で社長の座を追われ、石井進は慶応病院で病死するというふうに、加藤を資金面で支える人脈が徐々に崩壊してきた。

この一年前、平成二年（一九九〇年）にはバブルが崩壊し、株価はピーク時の三万八九〇〇円から一気に二万円台へと落ち込んでいた。以後、世間を覆っていた株の熱気も急速に冷めていった。

平成三年になると、証券業界は大企業や大口顧客に対する損失補塡問題が明るみに出て、大手四社のトップが国会に証人喚問され、野村證券・日興證券の社長が辞任するという、前代未聞の大不祥事が起こった。損失補塡とは、企業や大口投資家が証券会社を通じて資金を運用し、損失が発生したらそれを証券会社が穴埋めすることをいう。いわば株の元本保証であり、投資家にとってはノーリスク、ハイリターンとなる。

大手四社を合計した損失補塡額は一七〇〇億円にものぼり、補塡先はトヨタ自動車をはじめとする大手企業から自治体の共済組合、学校法人などにまで及んだ。加藤が常々訴えていた「一般投資家は無視され、大企業や大口顧客のみが優遇されている四社体制」の実態が明らかになったのである。

その後も、大手都市銀行を巻き込んだ証券大手と総会屋との癒着問題や、証券大手と大蔵省（現・財務省）との癒着問題が次々と明らかにされ、銀行や証券会社のトップが商法違反（利益供与）や証券取引法違反（損失補塡）などで次々と逮捕されたり、高級官僚が次々と辞任したりした。

証券業界の損失補塡や暴力団との癒着が社会問題になった時、国会に参考人として招致され答弁を行なった田淵節《せつ》也《や》野村證券会長は、政財界の裏の部分をすべて知っていたといわれる。このため、あまり厳しく追及するととんでもないことを口にする恐れがあってか議員たちも過激な質問はできず、中途半端な参考人招致になったようだ。

こうした一連の動きは、世間一般の人の証券業界を見る目をいっそう厳しくし、株取引に対する熱意を失わせていった。

一方、野村證券は本社機能を日本橋の軍艦ビルから大手町のアーバンネットビルへ移し、ウォーターフロント（東京湾岸開発）、リストラクチャリング（企業再構築）、インフラ整備（企業基盤整備）等々のキャッチフレーズを多数作って株価上昇ムードを必死に煽ろうとした。このうちリストラクチャリングだけが「リストラ＝首切り、人減らし」という本来とは別の意味の言葉となって現在まで幅広く定着したのは、皮肉というほかない。

バブル崩壊以降、証券業界でもリストラが進み、大手四社のうち山一、日興が消滅してしまったのは、よく知られているとおりである。

山一證券や北海道拓殖銀行（拓銀）、日本長期信用銀行（長銀）、日本債権信用銀行（日債銀）などの破綻が起きた金融危機以降、企業は生き残りをかけた再編を繰り返し、銀行はもっぱらバブル時代の後始末である不良債権処理に追われた。こういう企業環境が厳しい時代には、企業と政治家との結びつきが時には企業の盛衰に関わることもある。

山一證券は、昭和四十年（一九六五年）に多額の負債を抱えて倒産寸前のところ、時の大蔵大臣・田中角栄による日本銀行からの特別融資という荒業《あらわざ》により倒産を免れた。これ以降、山一は角栄の金庫といわれ、多額の政治献金を続けてきた。

また長銀は、日本が高度成長へと向かおうとしている時代の昭和二十七年（一九五二年）、時の大蔵大臣・池田勇人の提唱により、日本興業銀行（興銀）一行に頼っていた産業金融の補完行として設立されたものである。その後、池田勇人は総理大臣となり「宏池《こうち》会《かい》」という派閥を立ち上げたが、それ以来長銀は、自民党宏池会の金庫と呼ばれた。

平成に入って金融危機の折、膨大な不良債権のため債務超過の危機に瀕した長銀は、公的資金の導入を要請すべく政府に工作をしたが、橋本内閣はこれを認めず、その結果、長銀は破綻した。

不良債権処理の過程で、銀行は企業舎弟といわれる暴力団との関係の清算を迫られ、無数のトラブルを抱えるに至った。トラブルは特に関西系の銀行が多く、住友銀行名古屋支店長の射殺事件はその象徴的な出来事であった。

バブル崩壊と時を同じくして、加藤を支えてきた闇の勢力の支配者たちも次々と亡くなったり、その地位を追われたりした。前述した石井進のほか、最大の庇護者であった笹川良一も、平成七年（一九九五年）に聖路加国際病院で亡くなった。

他方で金融の自由化、国際化が進展し、外国人投資家、いわゆる「外資」が証券業界の大きな勢力になってきた。株取引の四割は外資で、法人が四割、個人投資家は二割にすぎなくなった。外資は、有望と思われる国内株を買いまくった。特にハゲタカとも称される外国のファンドは、かつての常識を越えた経済合理性に貫徹されていた。もはや外資なくしては証券市場はあり得ず、市場もグローバルスタンダードで外国人投資家の厳しい目にさらされることになった。

多くの個人投資家を集め、思惑を持って特定の小資本の低位株を買い集める加藤のやり方は、すでに通用する時代ではなくなっていた。加藤の動静もわからず、ヤクザに追われているとか、すでに殺されているとかいう噂が流れたほどだった。

平成十五年（二〇〇三年）二月七日、加藤は新たに「泰山《たいざん》」というグループを結成した。泰山は中国山東省の名山で、現世の利益を追求する道教の総本山があることでも知られている。世界遺産にも指定されており、ふもとから一五四五メートルの山頂まで延々と七〇〇〇段の石の階段が続いている。

この頃、株価はバブル絶頂期の五分の一近くに落ち込んでいた。そして「泰山」は不発弾に終わった。後日、この「泰山」について私が「あれはどうなった？」と訊《き》くと、加藤はそっけなく言った。

「つぶれた」

もう加藤の時代は終わったのだ。狭い国内市場で、多くの個人投資家たちが右肩上がりの平均株価を背景に仕手株を使い、一攫千金を狙う時代ではなくなった。情報が閉ざされ規制された市場であれば、先見の明を持ったカリスマ的な人間が大きな影響力を持つこともできるが、企業の情報がディスクローズされ、小さな情報も世界的な規模で瞬時に伝達される情報化社会にあっては、もはやカリスマは必要とされなくなったのだ。

亀井の戦い

新自由主義（市場原理主義）の流れが加速するなかでの平成十七年（二〇〇五年）九月、小泉純一郎首相により「郵政選挙」と呼ばれる衆議院議員選挙が行なわれた。加藤の盟友・亀井静香は、その前に自民党を追われていた。郵政民営化に反対する亀井は、同志数人と共に国民新党を結成した。

この郵政選挙の原因となった郵政民営化の目的は、今もってわからないという人が多い。実際、郵便局のサービスは低下し、地方にあっては特定郵便局がなくなったので不便きわまりなく、過疎化に拍車をかけることになっている。

小泉首相が郵政民営化は構造改革の柱だとして強引にこれを推し進めたのは、一つは特定郵便局長会への彼の個人的な怨念が理由だという人は多い。特定郵便局は従来から、特に地方にあっては自民党の重要な集票マシーンの一つであったが、彼の父親がかつて衆院議員であった時に、同じ選挙区のライバルで特定郵便局長会の支援を受けた田川誠一に敗れ去ったことがあるからだ。

国鉄、電電公社などの民営化とくらべて、郵政の民営化は国民にとってはさしてメリットはない。ただその巨大な金融機関としての三〇〇兆円もの資金量に目をつけた、米国を含めた金融関係者の欲望だけが推し進めたような感じである。

このため、郵政民営化に反対し抵抗勢力とされて郵政選挙を戦った亀井や野田聖子、城《き》内《うち》実などは骨のある政治家として現在でも高い評価を受けているが、小泉、小池百合子など推進派は究極のポピュリスト政治家として晩節を汚していると言わざるを得ない。特にフィンランドのオンカロ（使用済み核燃料の最終処分場）視察後、突然反原発を唱えはじめた小泉の姿には、醜いというよりは滑稽な感じがする。

このような政治家の個人的な欲望に基づく行動に熱狂的に呼応する日本人が数多くいるということは、日本人が容易に全体主義に振れることもある極めて危ない民族である証《あかし》ともいえる。特に何か大きな国民的なショックを受けると国民全体が百八十度変わるということは、終戦直後や原発事故の後のことを考えると戦前から今日まで全く変わっていない日本人の特性であろう。

ちなみに、郵政民営化を推し進めた政府の規制改革推進会議の主要メンバーである総務大臣（当時）竹中平蔵、オリックスの宮内義彦、住銀の西川善文はいずれも関西人で、規制緩和を利益獲得の手段にした。竹中は、派遣社員の非製造業への適用や人材流動の促進化を通じて人件費の大幅ダウンを実現し、自らは人材派遣業大手の顧問に就任した。オリックスはタクシー業界への参入規制の撤廃により、本業の車のリース業で大儲けした。住銀の西川は部下数人を引き連れて日本郵政に乗り込み、「チーム西川」を発足させるや、さっそく郵便局の膨大な資金の取り込みに着手した。

ところで、この郵政解散選挙では、亀井の所属する広島六区が全国的にも注目を浴びてマスコミが殺到し、連日のように情勢を伝えた。小泉は、当時ＩＴ企業の経営者で時代の寵児だった「ホリエモン」こと堀江貴文を、亀井への刺客として送り込んできた。ホリエモンの応援に、郵政民営化の振付師である経済学者・竹中平蔵が乗り込んできて、選挙戦はいっそう盛り上がった。

亀井の選挙戦術は、毛沢東理論の「農村が都市を包囲する」というやり方で、まず県北部の山間部、農村部から南下して行き、次に南部の瀬戸内の島々を巡り、本土へ上陸して最後に尾道《おのみち》を中心とする都市部を攻める、というやり方である。

土砂降りの雨の中、傘もささずにマイク片手に熱弁を振るう亀井の姿は、鬼気迫っており、テレビの全国中継でこれを見た人々は、郵政選挙の激しさを肌で感じた。

選挙結果は、亀井が大差をつけてホリエモンを破り、底力を見せつけた。しばらくして民主党政権が誕生すると、連立した国民新党の亀井が再び表舞台に出てくる。

亀井は、金融担当相になってすぐに、日本郵政の社長・西川善文を呼びつけた。この時亀井は、西川に「持ってきたか」と言った。西川はどういう意味かわからず、怪訝《けげん》な表情をしていたので、亀井は西川に「辞表だよ。お前たちが推し進めた郵政民営化に反対していた自分が大臣になったのだから、当然お前は辞めるのが道理だろう」と言った。西川は顔を真っ赤にして退出し、遅滞なく辞表を出した。

これによって、西川による郵便局からの利益引き出し工作は頓挫した。

この頃、加藤は金融の自由化、国際化といった新しい流れに刺激されて、息子の恭《たかし》に金融工学の勉強をさせることを思い立った。恭は学芸大附属高校から東大理一に進み、さらに工学部に進学したが、この頃流行《はや》りはじめた金融工学の講座を受講した。さらに加藤は、かつての大蔵省の財務官で「ミスター円」と呼ばれたこともある有名な経済評論家に依頼して、経済や金融の個人的なレッスンを受けさせた。恭は金融工学の分野で学位を取り、のちに阪大大学院（数理ファイナンス）で教鞭を執《と》ることになった。

加藤自身はこの頃、持病の糖尿病が悪化していたので、病院通いが欠かせない状態であった。

帰郷

平成二十三年（二〇一一年）三月下旬、東日本大震災の直後、加藤は久しぶりに広島・山口に帰ってきた。関西系ヤクザから腕一本取ると言われていたので、ボディガード二人を連れて故郷の能美《のうみ》島で墓参りなどをしたあと、宮島口の安芸《あき》グランドホテルに入った。

白い瀟洒《しょうしゃ》な安芸グランドホテルは、宮島の対岸である宮島口西方の海岸沿いに建っていた。すぐそばにはプロ野球広島カープの屋内練習場がある。この地は、牡蠣《かき》筏《いかだ》の浮かぶ狭い大野の瀬戸をはさんで正面に宮島の原生林を望み、左前方には朱の大鳥居と厳島《いつくしま》神社の社殿も見えた。近くには、かつて被爆後に収容された大野陸軍病院のあった場所があり、現在では高級ホテルや高級旅館が立ち並ぶリゾート型温泉地となっている。また少し東の山寄りには高校時代の三年半を過ごした結核療養所もあった。さらには高校時代から通い、いろいろな意味で人生と関わってきた競艇場も、当時とはくらべものにならないほど立派になって残っていた。

加藤にとっては、この地こそがまさに聖地であった。

彼は、広島県に入ると地元の暴力団「共政会」の庇護下に入った。「共政会」は、全国的な広域暴力団の傘下に入っていない唯一の暴力団である。

ホテルには数日間滞在する予定であったが、共政会組員と地元警察との間でちょっとした小ぜり合いがあったので、滞在を短縮し、岩国に向かった。

岩国では、姉の磯野恭子の自宅で、高校時代の同級生である弘兼や松下、私と数日にわたって毎晩遅くまで懇談した。我々は六十代半ばで、それぞれ第二の人生を歩んでいた。弘兼は市役所を定年退職し、松下も団体職員を定年退職し、私は生命保険会社を早期退職して農林業に携わっていた。三人とも、時間的にも精神的にも、比較的余裕がある日々を送っていた。

加藤はまず弘兼と会った。そして、弘兼から私が岩国に帰っているということを聞いた加藤が「今から車で川本のところに行こう」と言ったので、弘兼が私に電話をしてきたのだった。私は、山奥にある自宅に来てもらっても仕方がないので、「こちらから行く」と言った。そして翌日、私が松下を呼んだのである。

松下は広島県の廿日市《はつかいち》市に住んでいたが、当初は、私の誘いに「自分の生き方は彼とは違うし、株の世界にはさほど興味がない。今回は行かないのでよろしく伝えてくれ」と言ってきた。そこで、「加藤が会いたがっている。いま会わないと二度と会えなくなるぞ」と言って無理に引っ張り出したのだ。

実は松下は、以前から高校時代の同窓会には出たがらなかったのだが、もし同級生で会うとしたら加藤にだけはもう一度会ってみたい、と言っていた。それを私は記憶していたのである。

ただ、加藤と大学時代まで親しかった伊藤は、来なかった。加藤は「伊藤はダメだな」と言った。伊藤は、家業の文房具店を発展させた事務器販売会社の社長をやっていたが、地元のロータリー・クラブの会長や商工会議所の役員をするなど、地元の名士になっていた。世間体を気にする保守的な性格からか、自己防衛本能がなせる行動であった。

私は「彼にもいろいろ事情があるのだろう」と伊藤を庇《かば》った。

鉛筆でノートに何か書いていた加藤は、私を見ると、「川本は若いなあ、若々しい。うらやましい」と言った。私は人からそういうことを言われたのは初めてだったので、とまどった。

久しぶりに会った加藤は、髪は若干薄くなってはいるものの、眼光は鋭く、声にも張りがあり、相変わらず元気が良かった。

私が松下を連れてきたので、姉の恭子も喜んでくれた。私に夕食を食べたかどうか訊いて、食べてないと言うと、自ら韓国料理を作ってくれた。彼女は山口放送のディレクターとして何度も韓国に行っていたので、料理の出来栄えは本場レベルであった。うまそうに食べる私を見て、加藤は自分にも作ってくれと言ったが、食餌療法中なので姉にたしなめられた。

しばらくして私は、加藤の腕に無数の点滴の跡があることに気づいた。そして体も、かつて新聞や週刊誌などで見た最盛期の姿、気力・体力がみなぎっていた頃のがっちりした迫力のある大型の体型から、ずいぶん小さくなったような感じがした。

病気だけでなく、莫大な重圧とストレスが、彼の身体全体を痛めつけたのではないかと思った。それが細胞レベルにまで及び、そのため老化が進み、先ほどの私に対する発言になったのではないかと私は考えた。以前のオーラを感じさせる迫力のある雰囲気はなく、しゃべらなければ、眼光の鋭い、ただの初老の人にしか見えなかったかもしれない。

高校時代から大学時代を経て社会人になり、株の世界に入った頃までは、とにかくガリガリに痩《や》せていた。岡三《おかさん》証券に入った頃も、体力をつけるために毎日「マムシの粉」を飲んでいると言っていたほどであった。

それが、株の世界で次第に成功を収め、順調に業績を伸ばしはじめるのに伴って徐々に体重が増えはじめ、ついには恰幅《かっぷく》のよい、堂々とした体型になったのだ。収入が増えるといい物をたくさん食べるから太ってくる、という単純な論理ではあまりにも悲しいが、付き合いもあったのであろう。

しかし、この体重増加こそが糖尿病を引き起こし、さらには腎臓病へと進み、彼にとっては命取りになってしまったのだ。妻による懸命な食餌療法でも改善しなかったということは、よほど悪化していたのであろう。株価のコントロールはできても自分の健康をコントロールできなかったということは、もはや喜劇である。

加藤はまず、今回の帰省の際のこぼれ話を我々に話した。

加藤は糖尿病が悪化して腎臓を傷めたために、週に一回透析する必要があった。そこで、広島県に入ると一時、瀬戸内海に面した町にある、亀井の息のかかったシルバー病院兼精神病院に入院していた。

「精神病院では、事情を知らない看護婦やほかの入院患者たちから精神病者と間違われて閉口した」

そう加藤はこぼして、一同の笑いを誘った。

次に宮島口の安芸グランドホテルからの退出の仕方が面白いものであった。

加藤は、共政会の組員とあらかじめ打ち合わせをしていたので、組員が隣の部屋から壁をトントンと叩いて合図をすると、間髪《かんはつ》を容《い》れずに部屋から出て行った。組員は警察官と押し問答をしてその間の時間稼ぎをした。

次に加藤は「広島駅から『こだま』に乗って下る途中、トイレに行く風を装って突然新岩国駅で下車し、追ってきた同乗の暴力団組員を振り切った」と自慢した。この点は誠備事件の最中、検察の執拗な追跡を何度もかいくぐってきた体験が見事に生かされていると一同感心した。

加藤のこういったまわりの人を楽しませるサービス精神は、未だ健在であった。

そして加藤は、「車で横山の岩国高校跡地をまわってきた。姉が宇野千代の記念館を建てる計画をしている」と言った。岩国高校の跡地は、かつては明治時代に建てられた木造校舎が立ち並び、樟《くす》の木の大木が構内のあちこちにそびえていて古色蒼然たる雰囲気であったが、現在は中央に噴水のある、芝生が続く明るい公園になっている。加藤はあまりの変わり方に「ちょっとびっくりした」と言った。

加藤の姉の恭子は山口放送の取締役を退任後岩国市の教育長となり、宇野千代の顕彰会の役員もしていた。

ちなみに、宇野千代は岩国出身の女流作家で、旧制岩国高女を卒業して上京し、岩国を舞台にした『おはん』のほか『色ざんげ』『或る一人の女の話』『生きて行く私』などの作品がある。また、服飾デザイナーとして雑誌「スタイル」を中心に活躍し、その美貌と自由奔放な生き方で戦前のモガ（モダンガール）の中心であった。野間文芸賞、女流文学賞、芸術院賞などを受賞し、文化功労者としても顕彰されている。

私生活では、作家・尾崎士郎と結婚する（三度目）が離婚し、画家・東郷青児と同棲するも別れ、作家・北原武夫とも結婚して離婚した。晩年は、岐阜県本巣《もとす》市にある樹齢千五百年以上の「淡墨桜《うすずみざくら》」の保存運動にも取り組みつつ、生涯故郷の岩国を愛し、九十八歳まで現役であり続けた。

加藤は、朝晩の六時にはお祈りをしなければならないというので、その時間がくると、私たちは隣の部屋に行かされた。また寝室の机の上には三〇センチくらいの銅製の仏像が二体、常に置かれていたが、「これはヤクザが襲ってきた時に武器になる」と言って、仏像を握って殴るふりをした。「ヤクザは深夜の二時から三時の間に襲ってくるのが常なので、その時だけ警戒しておけばよい」とも言った。

高校時代に柔道部にいた松下に対しては、「北千住のアパートを出る時には迷惑をかけたな。年間三〇〇〇万円で自分のボディガードをやってくれないか。三百六十五日、午前二時から三時までの間、自分のそばにいてくれるだけでよい。女房と子供は今、亀井の庇護下にある」と言った。これに対して松下は、そういう余裕はないと言って断わった。

私に対しては、「息子の嫁さんを探してくれ」と言った。

我々が聞きたがった株の話については、加藤は次のように言った。

「伊勢神宮の神様が金《きん》の座と米《こめ》の座を交互に移る。その周期に合わせて株も経済も上下する。昭和四十八年から昭和六十八年までが金の座で、昭和六十八年から昭和八十八年までが米の座となり、昭和八十八年から昭和百八年までは再び金の座となる。そして昭和九十三年から上昇期に入り、好況は五年続く。自分の年は、昭和五十年から昭和五十六年までだった」

これを聞いた私たちは、加藤の活躍期と一致するので納得した。

この時、加藤は有望株として、ある小さな鉄鋼メーカーの名前を挙げ、買うことを勧めた。その頃一九〇円であったが、結局三人とも買わなかった。後日、この株は二三〇〇円まで上昇した。

後日、加藤は私たち三人に言った。

「プレゼントのつもりで勧めたのに、心が濁っているから買えなかったのだ。〝信なくば立たず〟という言葉を今一度思い起こす必要がある。自分は、郵政選挙を行なった当時の首相が以前この文言を色紙に書いたものを、額としてトイレにかけて、日夜見ている」

信なくば立たず――この言葉は、政治家が好んで使う言葉だが、もともと孔子が政治の要諦を尋ねた弟子の子貢《しこう》に対して答えたものである。国を維持するためには兵、食、信の三つが必要であるが、すべてを全うすることができなくなった時は、まず兵（軍備）を捨てよ、次に食（経済）を捨てよ、しかして信（道徳）は捨ててはならない。「民、信なくば立たず」と言っている。

この言葉はまた、太平洋戦争中、ミッドウェー海戦の大敗で戦局の雲行きが怪しくなってきていた昭和十八年（一九四三年）の御進講に際して、広島文理科大学名誉教授・西晋一郎が天皇に奏上したことでも知られている。これによって後年、昭和天皇はポツダム宣言受諾を決意したといわれている。信は信頼、信用と考えてもよい。

ちなみに、昭和十八年一月二十二日に行なわれた御進講は、漢書については西晋一郎であったが、国書については東京帝国大学教授・和辻哲郎が、洋書については東北帝国大学教授・本多光太郎が奏上した。

加藤の顧客には昔から政治家が多かったが、歴代の首相のかなりの人数が顧客に名を連ねていた。そのため彼は、政治にも関心を持つようになっていた。

加藤はある一人の政治家の名前を挙げて、自分は日本の将来のリーダーとしてこの人物に期待していると言った。そして、その人物が書いた自伝をぜひ読むようにと勧めた。その人物は福島県出身の国会議員で、貧困家庭から苦労して防衛大学へ進み、自衛官となり、中東のサマワに派遣された人物である。

私たち三人は、こうしてとりとめなく加藤が語るのを、ただ黙って聞くことが多かったが、加藤が「自分は警察と自衛隊に守られているから大丈夫だ。三月三十一日以降、加藤暠は復活するぞ」と言った時は、それがどういう意味なのか皆目見当がつかなかった。

今回の加藤との再会で、松下には気になることが一つあった。それは、最終日に最後まで残っていた松下に、加藤が最後に言ったことだった。

「俺は病気にならなければ、どうなっていたかのう？」

松下はこれには答えずに、加藤に言った。

「息子さんを同じ世界に引き込んだのは、間違いだ」と。

松下は、帰り道で、加藤が最後に言った言葉を思い出した。

株の世界で一躍有名になり、多くの有名人や総理大臣経験者と知己になり、莫大な資産を形成し、幸せな家庭も作った。名誉欲も自己顕示欲も金銭欲もすべて満たし、人には見られない世間の裏側も見、常人が望んでも得られない高みに到達した。

それでもなお、不満なのか。

他方で、ヤクザに命を狙われ、ボディガードに囲まれて隠密裡に行動せざるを得ない窮屈さや、グレーなイメージを気にしての後ろめたさが心を蝕《むしば》んでいるのか。

闇の帝王よりは陽光の下を一人で堂々と歩ける普通の人生のほうが良いのか。

心の平安こそが最も大切なのか。

加藤は三十七年前に北千住のアパートで、金儲けのためには何でもやると宣言したのではなかったのか。

また、総会屋に裏の世界への扉を開けてもらうことを決心した時に、地獄に行くことを覚悟したのではなかったのか。

金のために命を落としても、それは彼なりの「男子の本懐」ではなかったのか。

結局加藤は、本当は何がやりたかったのか。

松下は、丘の上にある住宅地の間の暗い坂道を幹線道路に向かって下りながら、考え続けた。時刻は午前零時近くになり、遠くには、漆黒の市街地の向こうに石油化学コンビナートの明るい光が不夜城のようにまたたいていた。

その二日後、加藤は共政会組員に守られて東京へ帰っていった。


平成二十七年（二〇一五年）十一月十七日、東京地検特捜部は加藤暠《あきら》と妻の幸子《ゆきこ》、それに息子で大阪大学大学院助教の恭《たかし》の三人を、金融商品取引法違反（相場操縦）容疑で逮捕した。逮捕容疑は化学メーカー「新日本理化」の株式について大量の買い注文を入れるなどして株価を不正につり上げ、約六〇億円の売却益を得たとされる疑惑である。

さらに、加藤が運営する株式サイト「時々の鐘の音」で株価が上昇するかのような根拠のない情報を流したことは「風説の流布《るふ》」にも当たるとした。

十二月七日、特捜部は暠と恭を東京地裁に起訴、暠は入院中の病院から収監され、恭は阪大を休職することになった。妻の幸子は処分保留で釈放された。

この頃、加藤は糖尿病と腎臓病で都内の病院への入退院を繰り返しつつ透析を受けていた。検察としては前回（昭和六十年）の屈辱を晴らすためにも、何が何でもという意気込みで張っていたのであろう。しかし、加藤の体調があまりにも悪いので、翌年九月に保釈となり、加藤は都内の病院に入院してしまった。

そして平成二十八年（二〇一六年）十二月二十六日、容体が急変し、帰らぬ人となった。享年七十五、早すぎる死であった。

裁判のほうは、六月の初公判で加藤は無罪を主張していたが、被告が死亡したことにより公訴（起訴）棄却となった。

おわりに

加藤暠《あきら》の株の人生を総括すると、彼自身が「自分の年は、昭和五十年から昭和五十六年までだった」と言うように、まさに日本経済が上り坂にあった一時期であり、バブル崩壊後の失われた二十年はお釣りの人生であったように思われる。

証券業界に入った当時、彼は大判の名刺に「信条：天下泰平」と書いていた。しかし、その後の人生は「泰平」とは正反対の「激動」の連続であった。和辻哲郎の言う「苦患《くげん》」を予感し覚悟していたのであろう。

高度成長期からバブル絶頂期までのいわゆる旧体制がまだ強固だった時代に、加藤は新規参入者として旧体制の既得権益を守ろうとする勢力と戦ったのであり、それはまた、個人対既成組織の戦いであったとも考えられる。他方では、暴力団をはじめとする闇の勢力の利権確保に加担したのも事実であり、巨大なフィクサー同士の権力闘争のコマとして利用されたのもまた事実である。

被爆、敗戦、結核、高度成長、バブル、バブル崩壊と、彼の人生の軌跡は戦後日本の軌跡そのものである。そのなかにあって、彼ははからずも、政・官・財が癒着したこの国の利権構造を暴いてみせたのであり、他方では、彼に群がってくる人々の欲望を映す鏡でもあった。

グローバリゼーションが世界を席巻し、平成の時代が終わり、令和の時代になった今、戦後を象徴した昭和の時代ははるか遠くへ去ろうとしている。加藤暠という人間の人生を見ていくことは、日本の戦後および我々日本人の戦後を改めて見ていくことにもなるのではなかろうか。

最後に、本書のタイトル「蓬莱の夢」に触れておきたい。

私が、加藤の夢、つまり「瀬戸内海に島を一つ買い、そこに被爆者たちが自給自足をして穏やかに暮らせるユートピアを作ること」を初めて聞いたのは、彼が岩国高校に編入してきてまもない「倫理」の授業においてだった。そして、証券業界に入ってからも折に触れては口にしていたものの、実際には何も進まず、計画に着手した形跡すらない。

時を経て、その「夢」が、顧客の興味を引くための自己ＰＲ、大風呂敷のセールストークの一つとなったのか、さらに莫大な収入を得るようになってからは、蓄財を指摘する人の追及をかわす大義名分と化したのか、定かではない。

しかし、たとえ使われ方が変容したとしても、繰り返し話がそこに戻っていくということは、やはりこの「夢」が、彼にとってはかけがえのない拠り所だったのではないかと私は思う。いや、そうであって欲しい、というのが正直な気持ちかもしれない。

「蓬萊」とは、中国の神仙思想で、不老不死の仙人が住む「山」とも「島」ともいう。加藤の話す「瀬戸内海の小島」はまさに「蓬萊島」であり、その実現はまさに「見果てぬ夢」であった——そういう思いを込めて「蓬萊の夢」をタイトルにした次第である。

二〇二三年三月

川本典康

川本典康　かわもと・のりやす
一九四六年、山口県生まれ。県立岩国高校卒業、広島大学政経学部卒業。生命保険会社勤務を経て、現在は農林業を営む。

蓬萊《ほうらい》の夢《ゆめ》
――「兜町《かぶとちょう》の風雲児《ふううんじ》」加藤暠《かとうあきら》の実像《じつぞう》

二〇二三年四月一八日　第一刷発行

著者　川本典康《かわもとのりやす》
発行者　堺 公江
発行所　株式会社講談社エディトリアル
郵便番号 一一二-〇〇一三
東京都文京区音羽 一-一七-一八 護国寺SIAビル六階
電話 代表：〇三-五三一九-二一七一
販売：〇三-六九〇二-一〇二二
印刷・製本　株式会社KPSプロダクツ

ISBN978-4-86677-125-0